Wilhelm Schmid

Unglücklich sein

Eine Ermutigung

Insel Verlag

3. Auflage 2013

Erste Auflage 2012
© Insel Verlag Berlin 2012
Druck: CPI – Ebner & Spiegel, Ulm
Umschlaggestaltung:
Manja Hellpap und Lisa Neuhalfen, Berlin
Printed in Germany
ISBN 978-3-458-17559-9

Inhaltsverzeichnis

Vorwort

»Heute ist nicht mein Tag!« Wer das sagen kann, hat noch einmal Glück gehabt: Bei vielen Menschen dauert das länger als nur einen Tag. Sie müssen mit dem Unglücklichsein leben, sie haben es sich nicht selbst ausgesucht. Gesteigert wird dieser Zustand noch von einer Zeit, die die Menschen glauben macht, sie müssten dauernd glücklich sein. Von den Plakatwänden schreit es herab: »Glück!« Aus den Werbespots blitzt es hervor: »So werden Sie glücklich!« Prospekte versprechen: »Noch mehr Glück!« Bei Reiseveranstaltern ist es zu buchen: »Glücksgarantie!« Zeitungen titeln: »Wie Sie auf Glück umschalten«, um wenig später verwundert zu fragen: »Warum sind wir nicht glücklicher?«
Um nicht missverstanden zu werden: Es ist ein Gewinn, wenn es im menschlichen Leben um Glück gehen darf und nicht mehr nur um Lebenserhaltung und Pflichterfüllung. Aber was ist, wenn das Glück selbst zur Pflicht wird? Die Rede vom Glück

hat eine *normative* Bedeutung gewonnen, malt den Menschen also eine neue Norm an die Stirn: Du musst glücklich sein, sonst lohnt sich dein Leben gar nicht. Wer unglücklich ist, beginnt sich Vorwürfe zu machen, dass ihm etwas fehlt und dass er den Anforderungen des glücklichen Lebens nicht gewachsen ist. Offenkundig hat er versagt. Alle Anderen scheinen es ja zu schaffen, jedenfalls arbeiten sie hart daran, diesen Eindruck zu erwecken. Neid zerfrisst die Seele der Unglücklichen: Nie wird Anschluss an all die Glücklichen zu finden sein, die diesen Planeten bevölkern, sofern den weltweiten Glücksforschungen Glauben geschenkt werden darf.

Eine drohende *Diktatur des Glücks* lässt keinen Raum dafür übrig, unglücklich zu sein. Ein scharfer Gegenwind schlägt jedem entgegen, der an der Fähigkeit des Glücks zur Alleinherrschaft über das menschliche Leben zweifelt. Es ist ja wahr, dass ein penetranter Pessimismus lästig ist. Aber auch der ostentative Optimismus ist nicht immer lustig. Die Einschüchterung der Unglücklichen geht so weit, dass sie nicht mehr wagen, über ihren Zustand zu reden, ja, mehr noch, überhaupt nur daran zu denken, denn das wäre ein negatives Denken, während sie doch immer alles positiv sehen sollen.

Was sind die Gründe für die Glückshysterie, die immer wieder ausbricht? Ein Grund dafür ist die *Flucht ins Glück*. Je größer der Druck der äußeren Verhältnisse, desto heftiger fragen Menschen nach ihrem inneren Glück: Bin ich denn glücklich? Warum alle Anderen, nur ich nicht? Wie kann ich künftig glücklich werden? Aber drängende Fragen stellen sich auch mit Blick auf die Schattenseiten des Glücks: Wie viele Menschen werden unglücklich, nur weil sie glauben, glücklich werden zu müssen? Und was ist mit den Vielen, die unglücklich sind und nicht nur damit fertig werden müssen, sondern auch noch damit, dass die ganze Gesellschaft im Glück zu schwelgen scheint? Müssen die Unglücklichen sich nicht ausgeschlossen fühlen, je mehr die scheinbar Glücklichen auf ihrem Glück beharren?

Die um sich greifenden Lobpreisungen des Glücks fordern solche Fragen heraus, denn sie sind, um das pointiert zu sagen, zumindest teilweise *asozial*.

Sie interessieren sich nicht dafür, was sie bei denen anrichten, die durch alle Glücksraster fallen, also bei all denen in der Gesellschaft, erst recht in der Weltgesellschaft, die im Unglück schlimmer Verhältnisse leben müssen. Schattenseiten des Glücks? Kommen nicht vor. Und wenn doch, ist der Mensch selbst schuld. Er verweigert sich mutwillig dem Glück. Er strengt sich nicht genug an. Er hat wohl die vielen Glücksratgeber nicht sorgfältig genug gelesen. Womöglich ist er unfähig zum Glück, ein genetischer Fehler, eine bedauerliche soziale Benachteiligung. Er hat einfach Pech, aber das ist »nicht mein Problem«. Wer unglücklich ist, hat die moderne Pest, er wird behandelt wie ein Aussätziger, man hält sich gerne fern von ihm.

Habe ich nicht selbst mit einem Buch zur verstärkten Aufmerksamkeit auf das Glück beigetragen? Mag sein, aber mit dem Hinweis, dass es nicht das Wichtigste im Leben ist.[*] Mein Anliegen ist nicht, jede Bedeutung des Glücks fürs menschliche Le-

---

[*] Wilhelm Schmid, *Glück – Alles, was Sie darüber wissen müssen, und warum es nicht das Wichtigste im Leben ist*, Insel Verlag, Frankfurt am Main 2007.

ben zu bestreiten, sondern seine absolut werdende Bedeutung wieder etwas zu relativieren. Glück ist wichtig, aber wichtiger ist *Sinn*. Dass es im Leben allein um Glück gehe, ist eine Märchenerzählung derer, die den schwindenden Sinn im modernen Leben durch Glück ersetzen wollen, aber damit ist es definitiv überfordert. Glück ist eine schöne Beigabe im Leben, jeder kann dankbar sein, wenn ihm etwas davon zuteil wird, aber bestenfalls in Teilen können Menschen darüber verfügen. Das Glück hat Grenzen, dem Leben zu viel davon abzuverlangen, ist sinnlos.

Ist es nicht die Aufgabe der Lebenskunst, zum *gelingenden Leben* beizutragen und die Menschen glücklich zu machen? Ja, zum Teil, aber auch das Misslingen und Unglücklichsein gehört zum menschlichen Leben, schon weil es nicht einfach »weggemacht« werden kann. Gelingen ist keine Notwendigkeit, Scheitern ist immer eine Möglichkeit. Ich bemerke, wie ich immer zusammenzucke, wenn jemand vom gelingenden Leben spricht. Es steht Menschen nicht frei, ein Gelingen für sich in Anspruch zu nehmen, es ist nicht einfach machbar, allenfalls kann etwas halbwegs gelingen. Und ein schönes, erfülltes Leben ist nicht unbedingt identisch mit einem gelingenden. Warum also sich aufs Gelingen und aufs Glück festlegen? Was ist, wenn das Glück mich nicht findet? Was bleibt, wenn das Glück geht, wenn ein Projekt, eine Beziehung, eine Karriere und letztlich ein ganzes Leben scheitert?

Das übermäßige Reden über das Glück nährt die Illusion, es könne ein gelingendes Leben, eine gelingende Beziehung ohne Einbußen und Schattenseiten geben. Das führt dazu, bei einem Scheitern doppelt und dreifach unglücklich zu sein. Wer sich um jeden Preis aufs Glück kapriziert und keinerlei Unglücklichsein akzeptiert, macht sich noch unglücklicher, wenn er bemerkt, dass die Schattenseiten des Glücks nicht einfach auszublenden sind. Im Kampf gegen sie verliert er die Kraft, die nötig wäre, um sie besser zu bewältigen, und die darauf folgende Entkräftung steigert noch das Unglücklichsein.

Das Geschichtsbuch der Menschheit besteht aus einem schmalen Kapitel über das Glück und einem sehr umfangreichen Rest. Dieses Verhältnis verbessern zu wollen, ist unbedingt unterstützenswert, es umkehren zu wollen, ist unrealistisch. Es ist keine Besonderheit des Menschseins, unglücklich zu sein, das können vermutlich auch Tiere. Menschen können jedoch von Alternativen träumen. Sie können wissen, dass es Gründe fürs Unglücklichsein gibt, und wenn sie keine Gründe ausfindig machen, können sie aus diesem Grund erst recht unglücklich sein. Ein Zurück zum Tiersein steht ihnen nicht offen, nur die Anerkennung der Eigenheiten des Menschseins kann ihr Leben reicher und zugleich einfacher machen.

Die eigentliche Herausforderung des menschlichen Lebens besteht nicht darin, glücklich zu sein. Mit ein wenig Wissen und Übung schafft das jeder, wenn auch immer nur für begrenzte Zeit. Weitaus schwieriger ist es, mit dem Unglücklichsein zurechtzukommen, es aufzunehmen und auszuhalten; ein solches Leben ist heroisch. Das macht den anderen und vielleicht größeren Teil der Lebenskunst aus, der für viele von Interesse ist, denn zu jedem beliebigen Zeitpunkt stellen die Unglücklichen mehr als nur eine kleine Minderheit in der jeweiligen Gesellschaft dar. Ihrer Anerkennung, Ehrenrettung und Ermutigung ist dieses Buch gewidmet.

I.
Wenn das Glück mich nicht findet

Glück ist zuallererst *Zufallsglück*. Menschen brauchen sehr viel davon im Leben. Jeder, der auf sein bisheriges Leben zurückblickt, bemerkt, dass bei vielen Weichenstellungen unwahrscheinliche Zufälle im Spiel waren. Das war schon bei der Zeugung so und bleibt vermutlich so bis zuletzt. Das ganze Leben hindurch sind Menschen auf Zufälle angewiesen, die günstig für sie ausfallen, zufällige Begegnungen beispielsweise, die ihnen weiterhelfen. Aber sie müssen damit leben, dass sich das Zufallsglück nicht herbeizaubern lässt, sondern so kommt, wie es kommt. Wenn es kommt.

Zufall ist, was einem zufällt, woher auch immer, günstig oder ungünstig. Frühere Zeiten waren vorsichtig genug, mit beidem zu rechnen, denn es ist ausgeschlossen, dass Zufälle immer nur günstig sein können. Die Wahrscheinlichkeit ungünstiger Zufälle lässt sich durch Vorsorge abmildern, aber nicht aufheben. Das deutsche Wort »Glück«, das aus dem mittelalterlichen *gelücke* hervorging, bezeichnete ursprünglich den zufälligen Ausgang einer Angelegenheit im günstigen wie ungünstigen Sinne. In älteren Kulturen wurde die Zufälligkeit des Glücks in diesem doppelten Sinne als Göttin verehrt und gefürchtet: *Tyche* im Griechischen, *Fortuna* im Lateinischen. So konnten Menschen beides auf einen göttlichen Ursprung zurückführen und beides gleichmütig hinnehmen.

Moderne Menschen hingegen erkennen nur den günstigen Zufall als Glück an. Sollte das Zufallsglück *ausbleiben*, ist das ärgerlich und enttäuschend und ein Grund fürs Unglücklichsein. Das gilt beispielsweise, wenn das erhoffte Glück im Spiel sich nicht einstellt, insbesondere im Wiederholungsfall: »Nie gewinne ich etwas.« Im Schatten der Wenigen, die zufällig etwas gewinnen, stehen viele, denen der Gewinn unverdientermaßen entgeht. Wer dieser Enttäuschung und dem nachfolgenden Unglücklichsein entkommen will, hört am besten auf zu spielen. Freilich könnte der Preis dafür eine nachlassende Spannung im Leben sein, also womöglich ein anderes Unglücklichsein.

Aber auch der, dem das Glück in den Schoß fällt, ist nicht zu beneiden. Sollte er das Zufallsglück *nicht festhalten* können, wird er ebenfalls unglücklich. Es entgleitet ihm, wenn er glaubt, mit dem günstigen Zufall sei das Wesentliche schon erreicht, sodass er die Hände in den Schoß legt und nichts dafür tut, sein Glück zu bewahren. Schnee ist die perfekte Metapher für dieses Glück: Wer glaubt, es fest in Händen zu halten, wird Zeuge, wie es dahinschmilzt, etwa in der Liebe, dieser meistverbreiteten Art des Glücksspiels. Haben zwei sich glücklich gefunden, heißt das noch lange nicht, dass sie es auch bleiben, und schon gar nicht, dass sie das Verweilen des Glücks erzwingen können.

Es kommt sogar vor, dass sich das Zufallsglück *ins Gegenteil verkehrt.* Auch der Zufall, der günstig ausfällt, kann sich noch als ungünstig erweisen. Ein glücklicher Zufall kann sich im Laufe der Zeit als Unglück herausstellen, ein Unglück als Glück. In Max Frischs Roman *Homo faber* will der Passagier Walter Faber seinen gebuchten Weiterflug eigenartigerweise nicht antreten, und er ist nicht erfreut, als er in allerletzter Minute noch an

Bord gebeten wird. Unglücklicherweise stürzt die Maschine ab, glücklicherweise werden alle Passagiere gerettet, aber eine weitere Geschichte nimmt ihren Anfang, die zu tragischen Verwicklungen führt.

Ein starker Grund fürs Unglücklichsein ist schließlich, wenn das Zufallsglück von vornherein in negativer Form hereinbricht: Als *Zufallsunglück*. Um das auszuschließen, müsste ein Mensch sich jeglichem Zufall verschließen. Eine Bemerkung des französischen Philosophen Blaise Pascal aus dem 17. Jahrhundert weist dafür den Weg: »Alles Unglück der Welt rührt daher, dass die Menschen nicht in ihren Wohnungen bleiben.« Nur auf dieser Basis könnte es Planungssicherheit fürs ganze Leben geben. Aber was für ein Leben? Reizvoller ist also, sich zu öffnen, sich zumindest vorsichtig den Unwägbarkeiten des Lebens auszusetzen. Und manchmal sind es gerade die unglücklichen Geschehnisse, die neue Perspektiven erschließen. Sie bieten die einmalige Gelegenheit, etwas auszuprobieren, das dem Leben dienlich sein könnte.

Beliebt ist es, das Zufallsglück mit Glücksbringern

geradezu magisch anziehen zu wollen, auch wenn das offenkundig nicht immer funktioniert. Manche Menschen scheinen selbst einen *Zufallsmagnetismus* an sich zu haben: Sie sind Glückspilze, bei umgekehrter Polung Pechvögel, ohne dass sich dies erklären ließe. Die statistische Verteilung der Zufälle umfasst eben auch diese Extreme, und in jedem Leben geht es bei kleinen wie großen Ereignissen zuweilen wie verhext zu: Nicht nur, dass ein, zwei Glücksfälle an Eigendynamik gewinnen und weitere anziehen (»eine Glückssträhne«), sondern auch, dass sich unglückliche Zufälle aufschaukeln (»immer trifft es mich«). Kommen zu einem Erfolg noch weitere hinzu, ist das ein Anlass, sich für immer auf der Sonnenseite des Lebens zu wähnen, bei wiederholten Misserfolgen für immer auf der Schattenseite, und doch reißt jede Serie irgendwann.

Ist in den unglücklichen Zufällen, den Unglücksfällen und Unfällen irgendwelcher Sinn erkennbar? Warum wird ein Mensch von einer schweren Krankheit heimgesucht? Warum gerade er oder sie? Warum gerade jetzt? Ist es eine Bestrafung, und wenn ja, wofür? Führt eine unsichtbare Macht von langer Hand Regie? Handelt es sich um ein Schicksal, von wem oder was auch immer geschickt? Ganz so, wie viele Menschen in nichtmodernen Kulturen an ein Schicksal glauben, glauben viele moderne Menschen an *kein* Schicksal. Ob es Schicksal gibt oder nicht, lässt sich nicht endgültig klären. Menschen haben keinen Überblick über das gesamte Leben, schon gar nicht über das gesamte Weltgeschehen, erst recht nicht über die Sterne, die ebenfalls Einfluss auf die scheinbare Zufälligkeit nehmen könnten – jedenfalls sind etliche Menschen auch in moderner Zeit davon überzeugt.

Sicher ist nur, dass sich ein Geschehen als Schicksal *deuten* lässt, auch wenn es blanker Zufall sein sollte. Aus freien Stücken ein Schicksal darin zu sehen, sobald es nicht mehr ungeschehen gemacht werden kann, erlaubt die Konzentration aller Kräfte darauf, gut mit dem Unguten umzugehen. Es liegt am Einzelnen selbst, nicht länger vergeblich dagegen anzukämpfen, sondern sich zu sagen: »Das ist jetzt mein Schicksal. Es ist, wie es ist, und wer weiß, wozu es gut ist.« Nicht jedes Schicksal muss akzeptiert werden, vieles ist veränderbar, etwa was die Wahrscheinlichkeit einer Erkrankung oder ihren Verlauf betrifft. Aber nicht alles lässt sich ändern, nicht jede mögliche Erkrankung ist für alle Zeiten auszuschließen.

Es ist keine große Leistung, günstige Zufälle zu akzeptieren, die einem wie Sterntaler in den Schoß fallen. Eine große Lebensleistung ist eher auf der Schattenseite des Glücks erforderlich, wo es Pech regnet und jede Akzeptanz schwerfällt. Das Unglücklichsein und Unglück zu tragen, leisten die Betroffenen dabei vielfach nicht nur für sich selbst, sondern auch für Andere, wenn beispielsweise aus der Behandlung einer Krankheit etwas zu lernen ist, das anderen Menschen zugutekommt oder sie von vornherein vor einem Unglück schützt. Zahllose technische Verbesserungen sind auf diesem schweren Weg zustande gekommen, denn keine Technik kann auf Anhieb perfekt funktionieren. Menschen lernen durch Erfahrung, und die besteht zu einem guten Teil aus schlechter Erfahrung. Weiterhin geht es darum, mit individueller und gesellschaftlicher Vorsorge ein Zufallsunglück weniger wahrscheinlich zu machen, aber niemals wird es möglich sein, es restlos aus dem menschlichen Leben zu verbannen.

2.

Macht Glück immer glücklich?

Freude am Leben zu haben und das Leben lieben zu können, ist schön. Aber nicht jedem ist das jederzeit möglich. Menschen können zwar viel für ihr *Wohlfühlglück* tun. Aber jedem Wohlsein entspricht ein Unwohlsein, jeder Annehmlichkeit eine Unannehmlichkeit, jedem Glücklichsein ein Unglücklichsein. Und je mehr ein Mensch sich auf das Wohlsein festlegt, desto größer wird das Potenzial für den Gegenpol. Bindet er sein Glück an die Gesundheit, kann ihn ein Schnupfen schon unglücklich machen. Soll ihm immer alles nur Spaß machen, genügt eine Stunde Langeweile fürs Unglück. Will er unbedingt jung bleiben, trifft ihn das Älterwerden schmerzlicher. Im Leben geht es ausschließlich um Lust? Dann überschattet der Schmerz beim Zahnarzt bereits eine Woche Leben im Voraus. Nur der Erfolg zählt? Dann genügt ein Misserfolg, um nicht mehr leben zu wollen. Lebenskunst heißt, in allem das Wunderbare zu sehen? Dann wird das Nichtwunderbare wertlos, das den Alltag dominiert und mit dem zu leben ebenfalls Lebenskunst ist.

Viele wollen das Wohlfühlglück in der Liebe finden. Das Glück! In der Liebe! Gibt es einen Bereich des menschlichen Lebens, der regelmäßiger unglücklich macht, fast unabhängig davon, was unter Liebe verstanden wird? Gilt sie als Erfüllung einer sozialen Pflicht, macht sie unglücklich, weil Gefühle keine Rollen spielen dürfen. Wird die Erfüllung durch schöne Gefühle von ihr erwartet, macht sie unglücklich, sobald die Gefühle ausbleiben, zeitweilig oder dauerhaft. Soll das heißen, es sei besser, nicht zu lieben? Nein, ganz im Gegenteil: Kaum etwas gewährt sonst so viel Sinn. Aber Menschen brauchen im Leben auch ein gewisses Quantum an Unglücklichsein, die Liebe liefert zuverlässig.

Glück im Leben und in der Liebe heißt für viele »größtmögliche Lust«. So definierte John Locke das Glück in seinem *Versuch über den menschlichen Verstand* von 1690, seitdem liegt die Latte so hoch, dass niemand sie mehr überspringen kann.

Aus dem Ehrgeiz, es immer von Neuem zu versuchen, bezieht die moderne Zeit ihren Antrieb. Das »Streben nach Glück« (*pursuit of happiness*), das Locke dem Menschen zuschrieb, fand Eingang in die amerikanische Unabhängigkeitserklärung von 1776 und genießt seither den Status eines Rechts, von dem auch die Menschen anderer Länder träumen. Die Einen verstehen darunter, dass der Einzelne ganz auf eigene Faust, möglichst ungestört von Anderen, von Gesellschaft und Staat, für sich selbst selig werden kann. Die Anderen bestehen auf einer Grundsicherung für jeden Einzelnen, damit ihm ein Streben nach Glück überhaupt erst ermöglicht wird und er nicht unentwegt ums Überleben kämpfen muss.

Viele machen in Gedanken aus dem Recht auf *Streben* nach Glück ein *Recht auf Glück*, das ihnen Gesellschaft und Staat allgemein, das Leben und die Liebe im Besonderen zu gewähren haben. Aber wie wäre ein entsprechender Rechtsanspruch geltend zu machen? Soll der Staat mir, wenn mir die Mittel dafür fehlen, die tägliche Tasse Espresso bezahlen, die mich für einen Moment glücklich macht, von anderen Dingen mal ganz abgesehen? Wie klage ich das Glück von dem Menschen ein, den ich liebe, unter Androhung welcher Sanktionen? Moderne Menschen tendieren dazu, Ansprüche an das Glück zu stellen, die maßlos und vermessen sind. Wo doch schon Immanuel Kant in seinen *Beobachtungen über das Gefühl des Schönen und Erhabenen* von 1764 dazu riet, man solle »keine sehr hohe (*sic!*) Ansprüche auf die Glückseligkeiten des Lebens und die Vollkommenheit der Menschen machen«.

Selbst Friedrich Nietzsche, der sich in seinem Werk *Also sprach Zarathustra* über das kleine Glück der »letzten Menschen« mokierte (»Man hat sein Lüstchen für den Tag und sein Lüstchen für die Nacht«, Zarathustras Vorrede), ging ein paar Jahre später in seiner Schrift *Zur Genealogie der Moral* (Dritte Abhandlung, 14) so weit, den von ihm erfundenen neuen Menschen ein *Recht auf Glück* zuzugestehen. Sie sollten es sich nehmen dürfen und ohne übertriebene Rücksicht gegen die Unglücklichen durchsetzen können. Das Glück als Frage der Macht, ein Vorschein auf kommende Zeiten?

Kann ja sein, dass die Menschen nach Glück streben. Aber nach allen Seiten hin ist dieses Streben dunkel eingerahmt: Die Menschen streben nach Glück, weil sie unglücklich sind. Auch dann, wenn sie ihr Glück finden, kommen sie ohne Unglücklichsein nicht aus, da sie den Kontrast zum Glück brauchen – aus diesem Grund kann kaum eine Gala-Fernsehsendung, die ihre Zuschauer glücklich machen will, auf die Darstellung von Unglück verzichten. Und sobald das Glück die Menschen verlässt, fallen sie wieder zurück ins Unglücklichsein. Momente und Zeiten des Glücks sind sinnvoll, um sich vom Unglücklichsein zu erholen, aber es ist unsinnig, sie auf Dauer haben zu wollen, denn ewig fortdauern können sie nicht. Umso misslicher, dass sich genau das viele vom Glück erhoffen: Dauerhaftes Wohlergehen, immerzu Freude, gute Laune und viel Spaß. Aber das Glück in einer Art von Dauerlust zu suchen, ist der sicherste Weg, unglücklich zu werden.

Kein Mensch kann sich immer nur freuen, alle Glückshormone und Endorphine im Körperinneren können daran so wenig ändern wie die von außen zugeführten Stimulanzien und Drogen. Ohnehin wird die Wirkung der »Glücklichmacher« zuweilen etwas übertrieben. Die Wirkung der Schokolade auf die Schutzschicht der Zähne und die Rundungen des Körpers übertrifft die auf den Hormonhaushalt beträchtlich, bedauerlicherweise. Allzu häufig das Lieblingsgericht zu essen, fördert den Überdruss anstelle des Wohlbefindens. Auch Wellness kann übertrieben werden, der Kreislauf wartet nicht, bis warnende Signale Beachtung finden. Zweifellos macht Sex glücklich, aber häufiger als seine Anwesenheit ist seine Abwesenheit, die jedenfalls den unglücklich macht, der auf seine Anwesenheit hofft. Wer zu sehr allem Neuen nachrennt, um dessen »Kick« zu spüren, bemerkt zu spät, dass er sich selbst dabei zurücklässt; mühsam muss er sich wieder auf die Suche nach sich begeben.

Die Chemie des Glücks macht unglücklich, wenn sie überstrapaziert wird. Denn es handelt sich um Stoffe, die sich alsbald erschöpfen und daher regeneriert werden müssen, bevor sie das Leben wieder befeuern können, um sich von Neuem zu erschöpfen … Erschöpft ist mit ihnen der Mensch, der des Glücklichseins von Zeit zu Zeit müde wird. Er wird zum Opfer seiner *Lustwut* und ist froh, sich endlich der Unlust hingeben zu dürfen, die ihm keine Anstrengung des andauernden Frohsinns mehr abverlangt. Das Traurigsein wird zu seiner Rückfallposition. Endlich darf er die andere Seite in sich ausleben. Zwar droht demjenigen, der »nicht gut drauf ist«, der soziale Tod, niemand will ihn in seiner Nähe haben. Aber dem, der »immer gut drauf ist«, geht es nicht immer besser, denn er arbeitet sich vergeblich daran ab, das Wohlgefühl auf Dauer zu stellen, unversehens wird auch er zu einer Zumutung für seine Umgebung.

Niemand muss aufhören, wenn es am schönsten ist, aber jeder kann sich beizeiten darauf einstellen, dass das Schöne nicht endlos verweilen kann, sondern beizeiten vergehen muss, bevor es ähnlich oder auf andere Weise wiederkehren kann. Die Abwesenheit des Schönen ist eine unschöne Zeit. Sich diese Zeit um jeden Preis schönreden zu wollen, zögert die Abwesenheit nur noch weiter hinaus. Stattdessen der Unlust, dem Unwohlsein und Unglücklichsein Raum zu geben, macht daraus eine Zeit der Regeneration im Energiesparmodus, das Glück kann sich erholen. Wichtig dafür ist lediglich, den Zeiten »danach« und »dazwischen«, den »Auszeiten« und »Flauten« ihr Eigenrecht nicht abzusprechen. Nur der Einzelne kann den Mut aufbringen, dem Zeitgeist, der auf dem *Glückstrip* ist, zu widersprechen. Zeiten ändern sich mit den Menschen, die sich ändern.

Gerade dann, wenn das lang ersehnte Wohlfühlglück endlich da ist, kann ein Unglücklichsein darauf folgen. Günstige und angenehme Lebensumstände befördern das Glück, solange sie erstrebt werden und noch eine Weile darüber hinaus. Dann aber verpufft die Spannung des Lebens, das auf dieses Ziel ausgerichtet war. Der Betroffene weiß nicht, wie ihm geschieht, er hat doch alles erreicht: Mein Job, meine Familie, mein Auto, mein Haus. Eben deswegen. Was soll jetzt noch kommen? Mit wachsendem Wohlstand wächst die Angst, ihn zu verlieren. Die Beziehungsgewissheit schwindet, denn wofür noch zusammenhalten? Mit der Befreiung von alten Werten stellen sich neue Fragen:

Was ist richtig, was ist falsch? Mit der größeren Wahlfreiheit wird der Verdruss größer, ständig wählen und dafür die Verantwortung übernehmen zu müssen. Und die vielen Möglichkeiten, die das moderne Leben offeriert, machen unglücklich, weil das Leben viel zu kurz ist, um sie alle zu realisieren, obwohl es länger ist als je zuvor. Darin, dass der moderne Begriff von Glück Menschen systematisch ins Unglück treibt, liegt die Tragik des Glücks.

Zweifellos haben Menschen ein vitales Interesse daran, nach Lust zu suchen und Schmerzen zu meiden. Aber es liegt in der Natur der Dinge, dass das nicht immer gelingt. Schmerzen machen Menschen, von Ausnahmen abgesehen, unglücklich. Sie sollen aus dem Leben verschwinden, aber irgendwann sind sie da, körperliche Schmerzen aufgrund von Verletzung und Krankheit, seelische Schmerzen aufgrund einer gefühlten Enttäuschung und einer Verletzung von Gefühlen, geistige Schmerzen aufgrund einer gedachten Sinnlosigkeit in der Konfrontation mit Vergänglichkeit und Tod. Schmerzmittel wirken mäßigend, aber ganze Arsenale von Schmerzmitteln können nicht verhindern, dass es Schmerzen weiterhin gibt.

Änderbar ist jedoch die *Deutung* von Schmerzen: Sorgen sie nicht für die Kontrasterfahrung, die die Lust erst fühlbar macht? Woher wüsste ich, was Lust ist, wenn ich keinen Schmerz kennen würde? Sind die intensivsten Glücksmomente nicht die, in denen der Schmerz nachlässt? Definiert er nicht glasklar die Wirklichkeit, die eben noch zu verschwimmen drohte? Fordert er nicht eine Neuorientierung des Lebens heraus? Was habe ich gemacht und vielleicht falsch gemacht? Was ist mir wichtig? Auf welche Menschen kann ich vertrauen? Was bleibt von diesem Leben, wenn es zu Ende geht? Was gebe ich weiter? Natürlich ist es auch ohne Schmerz möglich, sich immer wieder neu zu orientieren, aber kaum jemand macht das, denn es ist nicht der Ernstfall. Etwas muss weh tun, um Menschen in Unruhe über ihr Leben zu versetzen: Das ist dem Unglücklichsein zu verdanken.

3.
Abschied von der ewigen Zufriedenheit

Wenn das eigene Land keine Anstalten macht, ein Recht auf Glück zu gewähren, bleibt als Hort der Hoffnung wenigstens noch das Königreich des Glücks, Bhutan, wo sich alles ums *Bruttonationalglück* dreht, zu dem jedenfalls der Glückstourismus einiges beiträgt. Wer nicht genauer hinsieht, tappt jedoch in die *Bhutanfalle*, denn er übersieht die wichtigste Bedingung des Glücks in einer buddhistischen Kultur: Die fraglose Akzeptanz des Schicksals, ein bewundernswertes, aber vollkommen anderes Verständnis von Glück als in der modernen Kultur, die kein Schicksal mehr kennen will. Und auch in Bhutan erleben Menschen Schattenseiten des Glücks: Die Pflicht, Nationaltracht zu tragen, dient nicht etwa nur der Bewahrung alter Traditionen, sondern auch der Eingemeindung nepalesischer Zuwanderer.

In vielen Ländern sehen Menschen ihr Glück darin, *überleben* zu können. In Ländern des Wohlstands träumen Menschen von einem *guten Leben*, mit dem sie eine gesicherte und gesteigerte Form von Zufriedenheit erreichen wollen; die dabei behilflichen Produkte und Dienstleistungen steigern das Bruttosozialprodukt. Mithilfe von Luxusgütern hoffen viele, die Unwägbarkeiten des Lebens auf Distanz halten zu können. Luxus ist der Versuch, das Glück auf einem anspruchsvollen materiellen Niveau zu befestigen und sich gegen alle Wechselfälle des Lebens hinter dicken Mauern, unter hohen Zinnen in einer *Burg* zu verschanzen, ein bürgerliches Streben im Wortsinne. In der einfachsten Hütte, in der die Menschen dem Leben ungeschützter ausgesetzt sind, ist bei allem Unglück wahrscheinlich mehr Glück zuhause.

Vor diesem Hintergrund erscheinen die Glücksvergleiche, die rund um den Planeten angestellt werden, albern. Eine *Map of Happiness* jagt die nächste, gefördert von *Happiness-Instituten*, die früher oder später den *Happiness-Overkill* herbeiführen. Wissenschaftlich seriös können die Glücksvergleiche nicht sein, denn hier werden Äpfel mit Birnen verglichen: Es gibt keinen Begriff des Glücks, unter dem rund um den Planeten alle Menschen das Gleiche verstehen würden. Das Glück ist hermeneutisch aufgeladen, abhängig von *Deutungen* wie kaum etwas sonst. Fragwürdig sind die *normativen* Voraussetzungen: Geht es wirklich um Glück im Leben? Ist Glück wirklich Zufriedenheit? Eine Wissenschaftlichkeit, die auf Messbarkeit beruht, würde außerdem eine *Wiederholbarkeit* der Untersuchungen erfordern, die gleiche Ergebnisse erbringt: Aber ständig verrutschen die Länder auf der Skala, ohne in so kurzer Zeit viel für oder gegen ihr Glück getan haben zu können.

In Deutschland können die Menschen im *Glücksatlas* nachschlagen, wie es um sie bestellt ist. Sollten die Menschen in München weniger glücklich sein als in Hamburg, können sie nacharbeiten: Mit einiger Anstrengung auf Partys, in Kneipen und in den Betten kann bald schon wieder alles ganz anders sein, der Alltag zwischendurch ist Schweigen. Die Sache ließe sich noch ausbauen: Lasst sie gegeneinander antreten, Woche für Woche! Wer spielt in der Bundesliga, wer nur in der Kreisliga des Glücks? Wer gewinnt den jährlichen Glückspokal? Wer darf in der *Champions League* mitspielen? Welche Länder können sich für die Austragung der Weltmeisterschaften des Glücks qualifizieren? Endlich wendet sich die Aufmerksamkeit von wirtschaftlichen Verhältnissen ab, von Interesse ist nur noch das *Triple-A* der Rating-Agenturen des Glücks. Mit einem *Hedonimeter*, wie ihn sich der Ökonom Francis Edgeworth schon im 19. Jahrhundert ausdachte, ist der Grad der Zufriedenheit jedes Einzelnen in jeder Sekunde zu messen. Aber warum eigentlich immer nur Vergleiche der Menschen untereinander, warum nicht auch zwischen Mensch und Tier? Wer ist glücklicher, der Mensch oder das Schaf? Und wenn das Schaf, warum dann nicht lieber Schaf sein?

Jedem ist zu gönnen, das Maß an *Zufriedenheit* zu erreichen, das er sich wünscht. Kaum etwas ist schöner, als sich entspannt zurückzulehnen, zufrieden mit sich, auch wenn es nicht immer Gründe dafür gibt, zufrieden mit der Welt, auch wenn sie partout nicht besser werden will. Aber auf Dauer? Sicherlich wäre es schön, in einer völlig heilen Welt ein völlig heiles Leben zu führen, aber das könnte wohl nur ein ruhiggestelltes Leben in einer stillgestellten Welt sein. Es ist nicht schlimm, auch mal zufrieden zu sein, aber die Kunst besteht darin, es nicht zu übertreiben, denn der Versuch, in der Entspanntheit zu verharren, wird zum Problem: Zu Veränderungen und Verbesserungen hat dieser Zustand noch nie geführt, ganz im Gegenteil: Zufriedenheit und Selbstzufriedenheit legen alle Entwicklung lahm.

Daher ist es problematisch, Menschen auf das Glück der Zufriedenheit einzuschwören und eine Ideologie, eine *Contentologie* daraus zu machen. Glückliche Menschen in einer glücklichen Gesellschaft begeben sich in große Gefahr: Ihre Zufriedenheit steht der immer wieder erforderlichen Unruhe über die Verhältnisse im Weg, niemand kann das wirklich wollen. Sollen Menschen, denen es an lebensnotwendigen Dingen fehlt, zufrieden sein, während Andere sich nehmen, was ihnen gefällt? Was soll aus den beneidenswert zufriedenen Menschen auf der Inselgruppe Vanuatu im Südpazifik werden, wenn der Meeresspiegel weiter ansteigt? Was wäre aus Deutschland geworden, wenn es sich nach den ersten Pisa-Studien, die ihm in Fragen der Bildung den Untergang attestierten, zufrieden zurückgelehnt hätte? Es reagierte zum Glück mit äußerster Unruhe, und dieses Glück bestand darin, die Verhältnisse verbessern zu wollen. Es ist eine gute Idee, eine anstehende Arbeit zu tun und sie möglichst gut zu tun, statt ständig nach dem Glück der Zufriedenheit zu fragen.

Der Abschied von der ewigen Zufriedenheit ist freilich nur ein theoretischer, in der Praxis hat sie ohnehin nie funktioniert. Es ist nicht die Bestimmung des Menschen, immer nur zufrieden zu sein, sonst säße er noch immer auf den Bäumen. Manch einer wird sagen: Wäre auch besser so. Die Geschichte der Künste und der Wissenschaften zeigt, zu welchen bemerkenswerten Entwicklungen Menschen in der Lage sind. Viele von denen, die dazu beitrugen, haben nicht aus Zufriedenheit ihre Werke geschaffen und ihre Entdeckungen gemacht. Was wäre gewesen, wenn Entdecker wie Galilei und Einstein nicht immer wieder tief ins Grübeln verfallen wären, Forscherinnen wie Madame Curie nicht ihr Leben aufs Spiel gesetzt hätten? Wäre das Werk Heinrich von Kleists entstanden, wenn ihm auf Erden zu helfen gewesen wäre? Hätte Vincent van Gogh den Pinsel so heftig über die Leinwände geschwungen, wenn er sich und seine Kunst entspannt betrachtet hätte? Muss man sich Albert Camus, der den *Mythos des Sisyphos* neu beschrieb, als einen glücklichen Menschen vorstellen?

Ein großer Teil dessen, was in der Geschichte der Menschheit an Bewundernswertem zustande gebracht worden ist, ging nicht aus Zufriedenheit hervor. Die Zufriedenheit als Lebensziel wird heillos überschätzt. *Unzufriedenheit* ist der Ansporn zu neuen Taten, das ist dem Menschsein eigen. »Nur die Unzufriedenheit macht glücklich« (Georg Kreisler, *Letzte Lieder*, Autobiografie, 2011). Vielleicht kann nur der, der zweifeln und verzweifeln kann, große und großartige Dinge schaffen. Der, der zufrieden ist, lehnt sich eher zurück. Insofern erscheint es als Glück, dass Unzufriedenheit ganz von selbst entsteht, wenn eine Zufriedenheit zu lange anhält. Das geschieht ohne erkennbare äußere Einflüsse im Menschen selbst, den eine schlechte

Stimmung überkommt, und es resultiert aus äußeren Einflüssen, die zu Herausforderungen werden: Niederlagen, Misserfolge, Ärger, Streit und Dinge, die schiefgehen, führen Zeiten der Unzufriedenheit herbei, die niemand liebt und die dennoch unumgänglich sind. Zum Entsetzen derer, die nichts davon wissen wollen.

4.
Zur Fülle des Lebens gehört
nicht nur Positives

Kein populäres Handbuch der Psychologie kommt ohne seine Beschwörung aus, auf Schritt und Tritt begegnet man Menschen, die so inbrünstig daran glauben, dass sich der Eindruck einer Quasi-Religion aufdrängt: Das *Positivdenken* hat innerhalb von zwei, drei Jahrzehnten die westliche Kultur erobert. Nicht, dass es nicht auch positive Seiten hätte: Es ist von Vorteil, in einer Flut negativer Nachrichten auch mal wieder Land zu sehen. Neuer Elan wird spürbar, frische Kräfte stehen zur Verfügung, wenn nicht immer alles nur negativ erscheint. Aber wozu so krampfhaft in allem stets nur das Positive sehen? Warum muss jeder Tag ein positiver Tag sein? Das Leben kennt schließlich noch andere Zeiten, die das Positive erst kostbar machen. *Lass mich traurig sein*, singt Michy Reincke (Album *Das böse Glück*, 1993),

Lass mich einfach nur ganz allein,
Ich mag mich heute nicht mehr freu'n,
Es passt nichts anderes mehr rein.

Wenn nur noch die gute Stimmung erlaubt ist, wird jede Verstimmung zur schlimmen Störung. Die unscheinbarste Unregelmäßigkeit erscheint dann negativ, und es setzt ein Kampf gegen Windmühlenflügel ein, da das Negative schneller herbeistürmt, als ein Positivdenker positiv denken kann. Mit aller Macht die positive Sichtweise aufrechtzuerhalten, laugt Menschen aus, mit dem Resultat, noch wütender positiv zu denken. Da muss womöglich etwas im eigenen Inneren niedergekämpft werden. Vielleicht ist das die Grundregel: Je heftiger Menschen auf dem Positiven beharren, desto tiefer stecken sie im Negativen fest.

Aber was hilft es, Trost darin zu finden, die Dinge so zu sehen, wie sie *nicht* sind? Dieser Trost kann nicht von Dauer sein. Inspirierend ist das Positivdenken, um problematische Dinge auch wieder anders zu sehen. Zum Problem wird das Positivdenken, wenn es dazu führt, nur noch Positives sehen zu wollen. Nichts wird mehr ernst genommen, alles erscheint lediglich als Frage der Sichtweise. Hilft es einem Mensch mit schwerer Krankheit, sich um jeden Preis einzureden, dass alles wieder gut wird? In nachhaltiger Erinnerung bleibt mir ein Mann, der mit 38 Jahren an Lungenkrebs starb. Bis zum letzten Atemzug lehnte er es ab, seine Krankheit für tödlich zu halten, und glaubte fest daran, sie zu überwinden. Er nahm von niemandem Abschied und verfasste kein Testament, mit unguten Folgen für die Hinterbliebenen.

Dass Dinge und Verhältnisse davon abhängen können, was Menschen darüber denken, war ursprünglich eine Entdeckung antiker Philosophen. Schon Epiktet wusste, dass die Deutung eines Geschehens in der Macht des Menschen steht, der missliche Dinge so interpretieren kann, dass sie lebbar werden, denn nicht das, was uns zustößt, ist bedrückend, sondern unsere Meinung darüber. Aber nicht alles kann beliebig gedeutet werden. Gläser sind nicht immer nur halb voll oder halb leer, sondern gelegentlich auch ganz leer. Nur die frühzeitige Wahrnehmung erlaubt eine rechtzeitige Auffüllung. Krisen sind Chancen, das hat sich herumgesprochen, aber dürfen sie auch mal einfach nur Probleme sein? Schulden werden mit einem *reframing* in einen anderen Rahmen gestellt, aber werden sie auch mal getilgt? Dass es einem Menschen möglich ist, allein mit der Energie seiner positiven Gedanken Wünsche zu realisieren, kommt vor, aber nie geht umstandslos alles in Erfüllung, was er sich wünscht, nie sind die idealen Verhältnisse zu erreichen, von denen er vielleicht träumt.

»Immer nur nach vorne schauen«, ist die Devise all derer, die aus dem, was zurückliegt, nichts lernen wollen. Positive Erwartungen zu hegen und optimistisch in die Zukunft zu blicken, ist ein guter Vorsatz, verführt aber dazu, das Negative zu übersehen und nicht rechtzeitig darauf vorbereitet zu sein. Das bloße Positivdenken unterminiert die Sensibilität für Probleme und für berechtigte Kritik, es ist kein lernendes System. Das kann individuell und gesellschaftlich zum Verhängnis werden. Es ist merkwürdig, dass niemandem der Bezug zur totalitären Geschichte des 20. Jahrhunderts auffällt, der aber naheliegt: Menschen in eine positive Gestimmtheit zu versetzen, war auch das Anliegen des nationalsozialistischen Programms »Kraft durch Freude«. Keine Frage, dass Kraft aus Freude resultieren kann, aber ein paar Fragen wären angebracht, um der Missbrauchbarkeit Grenzen zu setzen: Kraft wozu? Aus welcher Freude? Und was ist mit denen, die sich nicht freuen können?

Eine differenzierte Lebenskunst besteht darin, die Dinge gelegentlich positiv zu sehen und sich dennoch negative Dinge vorbehaltlos klarzumachen. Nicht blind an das Positive zu glauben und dabei blind gegen das mögliche Negative zu werden, sondern kritische Fragen zu stellen und sich an Verbesserungen zu versuchen. Nicht nur im Negativen das Positive, sondern auch im Positiven das Negative zu sehen. Die Probleme auf den Punkt zu bringen und nüchtern nach Lösungen zu suchen, statt sich endlos der Hoffnung hinzugeben, es werde alles gut, wenn man nur lange genug gut davon denkt. So kommen Menschen zügig aus einem Schlamassel wieder heraus, ansonsten dauert es etwas länger.

Läuft der, der vorweg an das mögliche Negative denkt, nicht Gefahr, es im Sinne einer *self-fulfilling prophecy* selbst herbeizuführen? Daran glauben nur die, die auch glauben, das Positive werde mit dem bloßen Glauben daran bereits wahr. Eine alte Methode des philosophischen Denkens ist aber nicht nur die positive Deutung, sondern auch das »Vorwegbedenken des Üblen«, um nicht plötzlich davon überrascht zu werden. Sollte das mögliche Negative wirklich eintreffen, trifft es einen Menschen nicht unvorbereitet, und das Leben geht weiter. Bleibt es aus, ist dies umso erfreulicher, und der angenehme Zustand, der gewöhnlich keiner weiteren Beachtung wert wäre, lässt sich nun bewusst genießen. Wer auf diese Weise negativ denkt, wird entweder bestätigt oder erlebt nur Gutes. Stur nur positiv zu denken, kann hingegen böse Überraschungen zur Folge haben.

Das Sündenregister des Positivdenkens ist lang. Während zünftige Positivdenker in harmlosen negativen Emotionen bereits »emotionale Viren« mit großer Ansteckungsgefahr sehen, ist auch der Virus des Positivdenkens selbst sehr ansteckend, im wörtlichen Sinne: Viele Menschen infizieren sich mit lebensgefährlichen Viren, nur weil sie meinen, ihnen werde schon nichts passieren, sodass sie keinerlei Vorsorge treffen und ihrerseits wiederum Andere gefährden. Ein Meisterstück des Positivdenkens waren die vergifteten Finanzanlagen in der Frühzeit des 21. Jahrhunderts mit der Hoffnung auf hohe Profite bei denen, die sie erfanden, wie bei denen, die sich darauf einließen. Nicht endende Finanzkrisen, Wirtschaftskrisen, Staatskrisen wurden davon ausgelöst, dass zu viele immer nur positiv dachten und sämtliche Warnungen, die es lange genug gab, sämtliche Alarmglocken, die immer lauter schrillten, hartnäckig ignorierten. Aber die Wirklichkeit lässt sich nicht beliebig zurechtbiegen.

Auch das Negativdenken behält nicht immer Recht, sonst wäre die Welt schon viele Male untergegangen. Es ist die Eindimensionalität des Positiven wie des Negativen, die der Mehrdimensionalität des Lebens nicht gerecht werden kann. Die Lebenskunst umfasst den Umgang mit beiden Seiten des Lebens, nicht nur mit dem Positiven, Angenehmen und Lustvollen, sondern auch mit dem Negativen, Unangenehmen und Schmerzlichen, mit dem zurechtzukommen ist. Niemand sucht dieses Andere, aber auszuschließen ist es nicht. Ein anders geartetes Glück kommt dabei ins Spiel, das die gesamte Fülle des Lebens umfasst: Nicht nur die günstigen Zufälle und das Wohlfühlglück, sondern auch die Schattenseiten des Glücks, die hier von Grund auf mit einbezogen werden.

Dieses *Glück der Fülle* ist davon abhängig, dass ein Mensch für einen Moment innehält und nachdenkt: Was ist eigentlich Leben? Ist es nicht so, dass Leben sich grundsätzlich in *Polarität* abspielt, zwischen Gegensätzen und Widersprüchen wie Gelingen und Misslingen, Erfolg und Misserfolg, Freude und Ärger, Mut und Angst, Lust und Schmerz, Gesundheit und Krankheit, Zufriedensein und Unzufriedensein, Fröhlichsein und Traurigsein? Das moderne Welt- und Menschenbild ging davon aus, dass irgendwann alles nur noch positiv sein kann, und dennoch gibt es negative Dinge, die nicht verschwinden. Andere Kulturen sind sich darüber im Klaren: »Wir haben nicht diese Idee von einem

perfekten Leben, das nicht zerstört werden kann«,
sagte die indische Schriftstellerin Arundhati Roy
2011 in einem Interview.

Die Polarität prägt auch Beziehungen, in denen
Menschen sich früher oder später unglücklich fühlen. Meist hat das mit dem Anderen zu tun, der
nicht der Richtige ist, der er zunächst war, Wegge-
hen und Austauschen ist dann immer eine Option. Wenn aber dem Unglücklichsein nach noch so
vielen Austauschen nicht auszuweichen ist, weil es
zumindest zeitweilig dazugehört, was dann? Beziehungen, die ein immerwährendes Wohlfühlglück
realisieren wollen, sind rasch am Ende. Wenn hingegen *Sinn* in einer Beziehung gesehen werden
kann, weil sie beispielsweise als Schicksalsgemein-
schaft verstanden wird, kann sie auch unglückliche
Zeiten besser überstehen. Entscheidend dafür ist
die Frage: Kann ich grundsätzlich einverstanden
sein mit der Polarität des Lebens, wenn auch nicht
in jedem einzelnen Fall? Jeder muss selbst eine Antwort darauf finden. Nur bei einem Einverständnis
kann auch das Unglücklichsein zum Leben und
zur Liebe gehören. Im besten Fall lässt es sich mä-

ßigen, aber die Voraussetzung dafür ist, es in seinem Recht auf Existenz anzuerkennen.

Das Glück der Fülle ist ein *atmendes Glück*, denn auch das Glück muss atmen können. Kein Mensch kann immer nur einatmen, jeder muss wieder ausatmen, bevor er erneut einatmen kann. So kann ein Mensch zwischen den Polen des Positiven und Negativen hin- und hergehen: Mit dem, was guttut, neuen Atem schöpfen, gerade in einer problematischen Zeit, in der das Leben eng wird – und auf einer Höhe des Lebens darauf vorbereitet sein, dass es noch andere Zeiten geben wird. Die gesamte Weite der Erfahrungen zwischen Gegensätzen vermittelt erst den Eindruck eines erfüllten Lebens. Das ist das eigentlich philosophische Glück, das nicht abhängig ist von günstigen oder ungünstigen Zufällen und von den momentanen Schwankungen zwischen Wohlgefühl und Unwohlsein. Dieses Glück ist von einer Dauerhaftigkeit, die schon die antiken Philosophen ihm zuschrieben, und es muss auch das Depressivsein nicht ausschließen, das eine verbreitete Form des Unglücklichseins ist.

5.
Depressiv sein:
Die Melancholie

Depressiv, bedrückt oder niedergedrückt zu sein von einer Last, hat in den allermeisten Fällen nichts mit einer Krankheit namens Depression zu tun und tritt meist auch nicht klinisch in Erscheinung. Der alltägliche Sprachgebrauch ist hier so ungenau wie die medizinische Begrifflichkeit, aber beim genaueren Hinhören lassen sich *Depressionen* im Plural von der echten *Depression* im Singular unterscheiden. Traditionell werden Depressionen und das Depressivsein auch *Melancholie* genannt. Viele derer, bei denen eine Depression diagnostiziert wird, sind eigentlich melancholisch. Sie leiden an Depressionen, nicht an der Krankheit Depression. Melancholie ist eine Art und Weise des menschlichen Seins, eine Seinsweise der Seele, die wesentlich zur Existenz des Menschen gehört, ohne dass dies in irgendeiner Weise als krankhaft gelten könnte.

Das menschliche Leben kennt eben nicht nur Lebensfreude, sondern auch *Lebenstrauer*, nicht nur das Lachen, sondern auch das Weinen, alles zu seiner Zeit. In der alttestamentarischen Weisheit des *Predigers Salomo* (7, 3) wird das Trauern sogar dem Lachen vorgezogen, da diese Erfahrung »das Herz bessert«. Jetzt lernt ein Mensch sich selbst noch von einer anderen, abgründigen Seite kennen. Und er lernt Andere anders kennen: Schönwetterfreunde sind jetzt irgendwie anderweitig beschäftigt. Und Andere, die sich weniger penetrant um die immer gleiche gute Laune bemühten, sind jetzt zuverlässig da.

Es gibt regelrechte Zeiten der Melancholie: Wer in der Pubertät angesichts verlorener Kindheitstage und im Herbst angesichts fallender Blätter und kahler Bäume nicht melancholisch wird, macht etwas falsch im Leben. Ob die Melancholie vorübergeht oder lange bleibt, ist dabei nicht von vornherein klar. In vielen Fällen kann sie überwunden werden, aber nirgendwo steht geschrieben, außer in Ratgebern, dass sie überwunden werden muss. Sie kann viele Gründe haben, aktuelle und anhaltende: Menschen »fallen in Depressionen«, wenn sie verlieren, was für sie von Bedeutung ist, eine Beziehung, eine Arbeitsstelle. Aber auch, wenn sie nicht gewinnen, was sie sich erhoffen. Und sogar dann, wenn ein sehnlicher Wunsch in Erfüllung geht und eine unerwartete Leere sich auftut: Wer ein Ziel erreicht, ist nicht darauf gefasst, dass all die Anstrengungen und Entbehrungen jetzt Tränen in die Augen treiben und die ganze Anspannung ins Nichts verpufft.

Depressiv macht auch, dass offenbar nur Idioten in dieser Welt unterwegs sind und lediglich das eigene Ich zweifelsfrei davon ausgenommen ist. Niedergedrückt sind Menschen, die sich ungerecht behandelt fühlen, Enttäuschung, Missachtung, Demütigung und Gewalt erfahren. Nichts davon muss akzeptiert werden, aber nichts ist auch für alle Zeiten wirksam zu eliminieren. Zutiefst unglücklich können Menschen sein, wenn sie nicht gemocht und nicht geliebt werden, in der Liebe den geliebten Anderen entbehren müssen oder von ihm verlassen werden. Vor allem aber, wenn sie selbst oder Andere, die ihnen etwas bedeuten, mit Krankheit konfrontiert sind und womöglich der Tod ins Leben hereinbricht.

Tiefe Einschnitte ins Leben sind mit Schmerzen verbunden, die nicht mehr so ohne Weiteres zu lindern sind. Und ganz unfassbar und untröstlich ist der *Weltschmerz*, der vom Leben und von der Welt überhaupt, wie sie erscheinen, verursacht wird. Auch ohne aktuellen Grund kann er wohlbegründet sein, denn unglücklich machen kann allein schon das Bewusstsein, dass die Zeit des Lebens begrenzt ist, dass dieses Leben und die Liebsten irgendwann verlassen werden müssen. Nichts hat Bestand, alles ist vergänglich, und was vergangen ist, lässt sich nicht mehr zurückholen. Dass überhaupt alles vergeht, lässt sich nicht ändern.

Schmerzlich ist von Grund auf die *Einsamkeit der Existenz*, die nicht aufgehoben werden kann. Vielleicht war diese Erfahrung Menschen zu allen Zeiten geläufig, aber sie verstärkt sich im selben Maße, in dem das Ich stärker hervortritt. *Ich* lebe dieses Leben, kein Anderer. *Ich* muss den Blick in die Abgründe aushalten, die das Unglücklichsein und das Unglück aufreißt. Nur *ich* bringe dieses

Leben letztlich zu Ende, kein Anderer kann mir dies abnehmen. Und *ich* mache mir Gedanken über das Darüberhinaus, die nur für mich Bedeutung haben, Andere machen sich andere Gedanken und nichts verbindet uns, wenn nicht Liebe, Freundschaft oder wenigstens ein Mögen.

Sich Gedanken zu machen: Für manche Menschen ist dies bereits gleichbedeutend damit, Depressionen zu haben. Melancholiker denken über alles nach, daher sind von jeher so viele Philosophen und Künstler unter ihnen zu finden. Dass vorzugsweise denkende und kreative Menschen von Melancholie erfasst werden, bemerkte bereits der antike Autor des berühmten Textes *Problem XXX,1*. In moderner Zeit bestätigen psychologische Untersuchungen, dass Menschen mit depressiver Verstimmung Denkaufgaben gründlicher angehen und klügere Entscheidungen treffen (Universität Basel, 2011). Sie sehen länger und genauer hin und lassen sich den Blick nicht von einer rosaroten Brille trüben. Sie wissen um die Ungewissheit von allem, was den Eindruck von Gewissheit macht, und kennen die Fragwürdigkeit aller Dinge. Sie sind sich im Klaren über die Zweifelhaftigkeit des menschlichen Tuns und darüber, wie nichtig die menschliche Existenz im Grunde sein kann. Berührt und bewegt sind sie von der möglichen Tragik des Lebens. Die Gefahr, der sie ausgesetzt sind, ist nicht, das Leben allzu oberflächlich zu betrachten, sondern aus den tiefen Abgründen nicht mehr herauszufinden, womöglich den Zusammenbruch der eigenen »Identität« zu erleben und sich selbst fremd zu werden.

Aber nicht nur von einer überströmenden Flut von Gedanken, sondern auch von wild bewegten Gefühlen ist die Melancholie geprägt. Nur wenige empfinden diese Bewegtheit als Glück, in jedem Fall kann ihr jedoch *Sinn* zukommen: Wenn es im Leben darum geht, große Gefühle zu empfinden, kann es sich dabei nicht nur um gute Gefühle der Freude, Liebe und Ekstase handeln. Ohne Gefühlsleben in seiner ganzen Spannweite wäre keine Fülle möglich. Daher rührt wohl das scheinbar grundlose Traurigsein: »Eigentlich stimmt bei mir alles, ich weiß gar nicht, was mit mir los ist.« Das Leben, das nur noch die Stimmigkeit kennt, verlangt nach Unstimmigkeit. Die unentwegte Lebensfreude kann erschöpfend sein und bedarf einer Erholung, wie sie die Lebenstrauer darstellt. Um das Menschsein auszuschöpfen und das Leben zu erfüllen, wäre wohl auch das Traurigsein auszukosten bis zur Neige, wenngleich das zunächst sehr fernzuliegen scheint.

Können Menschen auch willentlich traurig sein? Ja, keine Frage, indem sie sich etwa an schmerzliche Erfahrungen wieder erinnern, denn Schmerz verliert sich im Grunde nie, beispielsweise der Schmerz der Trennung von einem geliebten Menschen. Und zu jeder Zeit kann vorsätzlich Weltschmerz empfunden werden, Schmerz über die Vergänglichkeit des Lebens und aller Dinge, vielleicht der Welt selbst, wiewohl das nicht wirklich zu überschauen ist, auch mit allem Aufwand an Wissenschaft nicht. Um das Positive auszubalancieren, die Polarität des Lebens wiederherzustellen und das Glück im Maß zu halten, lässt sich das Traurigsein absichtlich aufrufen, wie dies in einem 1931 von Marlene Dietrich gesungenen Lied von Friedrich Hollaender zum Ausdruck kommt:

Wenn ich mir was wünschen dürfte
Möcht' ich etwas glücklich sein
Denn wenn ich gar zu glücklich wär'
Hätt' ich Heimweh nach dem Traurigsein.

6.
Depression: Die Krankheit

Die Krankheit der Depression, der »Niederge-drücktheit«, ist im Unterschied zu den bewegten Gefühlen und Gedanken der Melancholie von er-starrten Gefühlen, vom Unwillen und von wirkli-cher Unfähigkeit zur Reflexion gekennzeichnet. In einem Gespräch wird der Unterschied rasch spür-bar. Der Betroffene findet aus dem engen Zirkel seiner Gedankenbewegungen nicht mehr heraus und kann sich selbst nicht mehr helfen, oft auch einfachste Tätigkeiten nicht mehr verrichten. Er braucht Menschen, die mit seinem Einverständnis Verantwortung für ihn übernehmen, Angehörige und Freunde, die ihn jetzt nicht verlassen, The-rapeuten, die ihn verhaltenstherapeutisch oder tiefenpsychologisch betreuen, und Ärzte, die sich nach den aktuellen Regeln der Kunst um ihn be-mühen.

Dass von der Diagnose *Depression* auch für die Melancholie inflationärer Gebrauch gemacht wird, treibt die Zahl der Kranken in absurde Höhen. Das ist der öffentlichen Wahrnehmung der Krankheit förderlich, nicht aber dem angemessenen Umgang mit dem jeweiligen Menschen, der im Zustand der Melancholie nicht so sehr Medikamente, sondern Gesprächspartner, im Falle der Krankheit Depression den Arzt als Gesprächspartner und Behandlung braucht. Eine Medikation kann den Stoffwechsel des Hormons Serotonin beeinflussen, auch können Stoffe zugeführt werden, an denen der Körper Mangel leidet, etwa das Vitamin-D-Hormon, dessen Fehlen in nördlichen Ländern an der nicht immer ganz harmlosen *Winterdepression* beteiligt ist. In Frage steht zudem die Behandlung organischer Probleme, die ein Grund für die Depression oder aber ihre Folge sein können, beispielsweise eine Dysfunktion der Schilddrüse, die Hormonausschüttungen fehlerhaft reguliert.

Schwierigkeiten bereitet der *Graubereich* zwischen Melancholie und Depression, medizinisch gesehen zwischen leichten und schweren depressiven Episoden, die beide noch dazu mit psychotischen Symptomen einhergehen können. Wo genau ist der Übergang zur Krankheit? Eine *depressive Reaktion* tritt als Folge akuter oder chronischer Belastungssituationen auf und geht vielleicht auf traumatische Erfahrungen zurück, die sich zu Neurosen entwickeln können. Ohne erkennbare äußere Ursachen kann eine *endogene Depression* im Inneren des Menschen selbst entstehen und die Stoffwechselvorgänge im Gehirn verändern, möglicherweise genetisch bedingt. Eine *larvierte Depression* verbirgt sich in Schmerzen und körperlichen Symptomen. Eine *manisch-depressive Erkrankung* wirft Menschen mehr oder weniger heftig zwischen Phasen manischer Lebendigkeit und depressiver Todesnähe hin und her, »himmelhoch jauchzend und zu Tode betrübt«.

Mit der Diagnose Depression überschneidet sich die des *Burnout,* des Ausgebranntseins, die im Zweifelsfall Vorrang genießt, da sie positiver klingt: Da hat sich jemand überarbeitet, wenn nicht sogar aufgeopfert für Andere, für die Familie, die Firma, die Gesellschaft (ein »selbst schuld« schwingt nur leise in Klammern mit). Auch das Ausgebranntsein bewegt sich im weiten Spektrum zwischen dem Zustand der Melancholie, der zum Leben gehört, und der Krankheit der Depression, die im schlimmsten Fall lebensbedrohlich sein kann. Daraus ergeben sich Konsequenzen: Für die *einfache Erschöpfung* genügt eine Auszeit, ein wenig Erholung und ein Bemühen um die Selbstfreundschaft, die eine größere Aufmerksamkeit auf sich und einen besseren Umgang mit sich ermöglicht. Für die *völlige Erschöpfung*, die chronisch wird, kann die Behandlung ungleich langwieriger sein; eine Rückkehr ins Leben, wie es gelebt worden ist, erfordert eine anhaltende Unterstützung durch Andere.

Als Gründe für die um sich greifenden Erschöpfungszustände in moderner Zeit werden häufig schwierige Beziehungen und belastende Arbeitsbedingungen genannt. Gab es die nicht auch in früheren Zeiten? Chronisch erschöpft ist wohl schon Antonio, Shakespeares *Kaufmann von Venedig*, der von sich sagt: »Ich weiß nicht, warum ich so traurig bin.« Er kennt die Gründe nicht und hat keinen Begriff für seinen Zustand, also fühlt er keine Berechtigung zu ihm. Für viele ist nur dort, wo ein Begriff ist, auch eine Realität; sobald aber ein Begriff da ist, stürzen sich alle darauf, um ihre Realität in ihm unterzubringen. Das kann eine Funktion des Begriffs »Burnout« sein: Realität zu fassen, wie Menschen sie wahrnehmen, und eine Reaktion darauf zu ermöglichen. Die Definition als Krankheit ermächtigt Menschen zur Erschöpfung und berechtigt sie zur Genesung. Die Gründe für die Erschöpfung in der Moderne könnten jedoch noch andere als zu anderen Zeiten sein, Therapien sollten darauf antworten können.

Immer mehr Menschen entbehren in der modernen Gesellschaft *Sinn*, in allen Bereichen und auf allen Ebenen: Sinn der Arbeit, Sinn des eigenen Lebens, Sinn des Lebens überhaupt. Sinn verleiht Kräfte, Sinnlosigkeit entzieht sie. Wenn Menschen Sinn sehen, können sie sehr vieles durchstehen und bewältigen, ohne jeden Sinn kaum etwas. Einst vermuteten die Menschen Sinn im Schicksal und in einer höheren Fügung. Sie fragten nicht nach Sinn, sondern bezogen ihn, ohne sich dessen bewusst zu sein, aus verlässlichen Beziehungen zu Anderen und zu einer außermenschlichen Instanz. Aufgrund des Versiegens vieler Sinnquellen wird im Laufe der modernen Zeit immer vernehmlicher nach Sinn gefragt. Der materielle Wohlstand gibt keine befriedigende Antwort auf die Sinnfrage, wenn nicht deutlich wird, welcher *ideellen Zielsetzung* er dient, sodass daraus Sinn und somit Energie zu gewinnen ist. Jeder Versuch, das Vakuum an Sinn mit materiellen Gütern zu füllen, erzeugt eher Angst, denn sie können jederzeit wieder verloren werden. Wo können moderne Menschen Sinn finden?

Sie erhoffen ihn vom Glück. Aber Glück kann Sinn nicht ersetzen, schon gar nicht das flüchtige Wohlfühlglück. Die Dringlichkeit des Strebens nach Glück ist lediglich ein Indiz für die Verzweiflung, die die Entbehrung von Sinn hervorruft. Weil die stressigen Bedingungen des modernen Lebens, Liebens und Arbeitens an den Lebenskräften zehren, sollen mit der Aussicht auf Glück die letzten Reserven mobilisiert werden. Ahnen die Menschen, was ihnen droht? Um dem Zusammenbruch zu entgehen, rennen sie wie besessen dem Glück hinterher, daher dessen stetige Beschwörung. So entsteht ein weiterer Stress, der *Glücksstress*. Die Menschen sind bereit, alles für ihr Glück zu tun, ohne zu bemerken, wie gerade dies sie alle Kräfte kostet. Dieses Glück atmet nicht, es ist kein Glück der Fülle, die Erschöpfung wird so nicht verhindert, sondern erst recht befördert. Das verbissene Streben nach dem Positiven, nach dem Glück in diesem Sinne kann Menschen in den Burnout treiben.

Sich unglücklich zu fühlen, könnte hingegen ein Anlass für *Besinnung*, also für die rechtzeitige Frage nach Sinn sein. Was hat es angesichts dessen zu bedeuten, dass das Unglücklichsein selbst als eine Art von Krankheit angesehen wird? Wer ist hier in Wahrheit krank? Warum soll ein Mensch alles dafür tun, um schleunigst wieder »aus dem Tief herauszukommen«, auch mit Hilfe rasch wirkender Medikamente? Warum muss er, wenn es ihm schlecht geht, alles unternehmen, damit es ihm schnellstmöglich »wieder besser geht«? Soll er nicht nachdenken, sich nicht neu orientieren, nicht danach fragen, was falsch läuft in seinem Leben, in seiner Umgebung, in der Gesellschaft und wie er selbst sich um das Richtige bemühen kann, sobald er wieder zu Kräften kommt?

Sowohl mit dem Zustand der Melancholie als auch mit der Krankheit der Depression gehen nicht selten Suizidgedanken einher. Mit dem Unterschied, dass Melancholiker mit dem Gedanken eher nur spielen, endlos lange darüber nachdenken und am Austausch von Argumenten dafür und dagegen interessiert sind. Bei krankhaft depressiven Menschen ist die Wahrscheinlichkeit größer, dass sie nicht spielen und kein Interesse an Argumenten zeigen, vielmehr irgendwann tödlich entschlossen sind, den letzten Akt in jedem Fall zu vollziehen.

7.

Leben am Rande des Abgrunds

Derjenige, der sich mit Suizidgedanken trägt, kann jegliches Gespräch darüber verweigern, das ist sein gutes Recht. Aber es kommt auf den Versuch an. Die volle Akzeptanz seiner Situation von Seiten dessen, der mit ihm sprechen will, ist die beste Grundlage dafür. Überall sieht der depressive Mensch Anlass zu großen Sorgen, seine ganze Aufmerksamkeit gilt den allgegenwärtigen Schwierigkeiten, alles ist sehr bedenklich. Die Welt und die Menschen sind voller Widersprüche, und er leidet darunter, dass alles menschliche Streben daran nichts ändern kann. Es ist nicht gut möglich, sein Leben zu führen, wenn nur noch Vergeblichkeit zu sehen ist. Es ist nicht motivierend, auch nur einen Schritt zu wagen, wenn der Boden überall brüchig ist und sich auf Schritt und Tritt Abgründe auftun. Was bleibt, ist Verzweiflung.

Die Frage von Leben und Tod gilt es offensiv aufzunehmen, statt sie, ohnehin unwirksam, mit Verboten und Tabuisierungen abzuweisen. Ja, grundsätzlich ist es eine Möglichkeit, das Leben zu verlassen, und es handelt sich bei einer Selbsttötung nicht mehr, wie einst, um einen »Mord«. Es fehlt zwar nicht an Vorsatz, aber an niedrigen Motiven und Heimtücke, niemand kann hinterher verklagt und verurteilt werden. Der Mensch ist nun mal das Lebewesen, das das Leben auch verweigern kann. Ein Zwang zum Leben, eine Verpflichtung, leben zu müssen, ist nicht erkennbar. Der Tod aufgrund eigener Wahl ist eine Option der Lebenskunst, das sah schon Seneca im 1. Jahrhundert n. Chr. im 70. seiner *Briefe an Lucilius über Ethik* so.

Entscheidende Fragen lassen sich grundsätzlich auch denen stellen, die leben wollen: Wissen sie wirklich, was sie tun? Haben sie es sich gut überlegt? Haben sie, frei von allen Zwängen, eine bewusste Wahl getroffen? Handelt es sich beim Leben tatsächlich ganz von selbst um einen »Wert an sich«? Die existenzielle Entscheidung, ihm einen solchen Wert zuzumessen, wird glaubwürdiger, wenn sie vor dem Hintergrund einer möglichen Abwahl des Lebens getroffen wird. Erst in der Auseinandersetzung mit dem Tod gewinnt das Leben Sinn und Wert, sodass es gerade die Frage des Todes ist, die entschieden zum Leben führt. Wird das Leben ohne eine solche Entscheidung einfach nur dahingelebt, bleibt es unbestimmt, oberflächlich, gleichgültig und wird nicht wirklich angeeignet. Ist dieses Denken gefährlich? Zweifellos birgt schon der bloße Gedanke an Selbsttötung die Gefahr in sich, diesen Weg im Zweifelsfall auch zu beschreiten. Aber das Leben ist ohne Gefahren wie diese nicht zu haben.

Vor diesem Hintergrund lassen sich die entscheidenden Fragen zur Selbsttötung besser erörtern: Kann in der äußersten Situation eine freie Wahl getroffen werden? Die Freiheit zu diesem Schritt könnte eingeschränkt sein. Eine *perspektivische Täuschung* könnte den Blick auf das Leben verzerren, das mal schwarz eingefärbt erscheint, als sei es völlig sinnlos, wie bei Liebeskummer, und mal rosa, voller Sinn, wie in der Liebeseuphorie. Wie ist das Leben wirklich? Das ist nicht klar, aber alles spricht dafür, dass es nie nur das ist, was es aktuell zu sein scheint. Immer sind noch andere Perspektiven möglich, und keine kann die Fülle der Möglichkeiten erschöpfen. Auf die momentane Sichtweise eine so weit reichende Wahl zu gründen, ist möglich, aber nicht ratsam.

Und was wäre, wenn die Entscheidung hinterher bereut werden würde? Das erscheint undenkbar, aber wer könnte definitiv ausschließen, dass es ein *Danach* gibt, das von Reue getrübt sein könnte? Immerhin zeigt die Erfahrung vieler, denen der Freitod als einzig mögliche Lösung erschien und die durch die Situation hindurchgegangen sind, dass sie im Rückblick ihr Verhalten für kurzschlüssig halten und froh darüber sind, nicht die letzten Konsequenzen gezogen zu haben oder im letzten Moment davor bewahrt worden zu sein.

So perspektivisch wie die Erfahrung von Sinn erscheint auch die der Sinnlosigkeit. Nichts im Leben und in der Welt hat irgendwelchen Sinn? Aber niemand hat den vollständigen Überblick über Leben und Welt, um das mit letzter Gewissheit sagen zu können. Darauf eine ultimative Wahl zu gründen, birgt den Charakter von Willkür in sich, darüber kann eine momentane oder anhaltende

Ausweglosigkeit nicht hinwegtäuschen. Weniger willkürlich erscheint ein Freitod letztlich nur bei einer zweifelsfreien Unausweichlichkeit, eigentlich nur dann, wenn ein Mensch einer unheilbaren Krankheit oder unerträglichem Terror ausgesetzt ist. Und auch dann nicht spontan, nur nach reiflicher Überlegung.

Es kann sich um einen *aktiven Akt* handeln, selbst dann, wenn eine *passive Sterbehilfe* in Anspruch genommen wird, wie sie Sterbehilfe-Organisationen anbieten, die lediglich die Hilfsmittel zur Verfügung stellen. Aber es kann auch ein *passiver Akt* vollzogen werden, wie ihn der norwegische Abenteurer Thor Heyerdahl 2002 im Alter von 87 Jahren praktizierte: Er nahm keine Nahrung, keine Flüssigkeit, keine Medikamente mehr zu sich, nachdem bei ihm ein Gehirntumor diagnostiziert worden war, und er starb auf diese Weise in kurzer Zeit in seinem Haus in Italien.

Passiv ist die Selbsttötung auch dann, wenn *aktive Sterbehilfe* in Anspruch genommen wird. Aber diese Wahl, die ein Mensch trifft, ohne sie selbst vollziehen zu können, sodass er einer aktiven Beihilfe bedarf, bringt Probleme eigener Art mit sich. Unweigerlich zieht sie Andere in die Verantwortung und bedarf daher aus Gründen der Vorsicht und Rücksicht gesetzlicher Regelungen. Denn wie ist im Einzelfall zu unterscheiden, ob der Todeswunsch wirklich der Wille eines Menschen ist und nicht der Wunsch eines Angehörigen, mit dessen Sterben möglichst bald zu erben und die Pflegekosten einzusparen? Aktive Sterbehilfe leistet auch die Mafia, die aus guten Gründen darauf verzichtet, ihre Kandidaten ausreichend vorweg zu befragen. Daher sind Regelungen sinnvoll, wie sie in den Niederlanden seit langem praktiziert werden: Der Sterbewunsch muss »wohlüberlegt« sein und wiederholt bekräftigt werden, um sicherzustellen, dass es sich nicht nur um eine momentane Gefühlsaufwallung handelt. Ärzte müssen unabhängig voneinander bestätigen, dass der Sterbewillige unheilbar krank ist und seinen Entschluss nicht mehr selbst in die Tat umsetzen kann. Dann erst darf die aktive Sterbehilfe von einem Arzt, nicht von irgendjemandem sonst, vollzogen werden.

Sinnvolle Kriterien für die zu treffende Wahl sind

jedoch zuallererst zwei eigene Rücksichtnahmen. Die *Rücksicht auf sich selbst* führt zur Frage: Ist es fair gegenüber dem eigenen Selbst, ihm solche Gewalt anzutun, insbesondere gegenüber denjenigen Seiten in ihm, die anderer Meinung sind? Und die *Rücksicht auf Andere* zieht die Fragen nach sich: Ist genügend bedacht worden, was der eigene Schritt für Andere bedeutet, die dem Selbst wichtig sind? Könnten sie durch den Tod des Selbst seelisch oder materiell in eine üble Lage geraten? Es sei denn, dass gerade dies die Absicht ist: Anderen Schwierigkeiten zu hinterlassen, sie für lange Zeit zu zeichnen und zur endlosen Deutung des vollzogenen Todes zu nötigen. Denn vor allem dieser Tod treibt eine nicht enden wollende Unruhe der Lebenden hervor: Lag es an mir? Was habe ich falsch gemacht? Habe ich etwas übersehen? Was hätte ich tun können?

Das könnten Argumente dafür sein, die gegenwärtige Situation doch lieber durchzustehen. »Gib nicht auf«, heißt es in einem Song der Gruppe Blumfeld (»Neuer Morgen«, Album *Jenseits von Jedem*, 2003), in dem so mancher zur rechten Zeit die besten Worte und perfekten Töne für sich und seine Situation gefunden hat. Als Alternative bietet sich ein Leben an, das *anders glücklich* ist, ein Leben mit dem Unglücklichsein, das die Verzweiflung nicht ausschließt, durch die das Leben immer wieder hindurch muss, aber die verzweifelte Verzweiflung verhindert, die auf Dauer jeden Halt im Leben unterminiert.

8.
Anleitung zum Leben
mit dem Unglücklichsein

Was bleibt, wenn alles sinnlos erscheint? Es dabei zu belassen und darüber zu verzweifeln – oder sich mit dieser Möglichkeit des Lebens anzufreunden, um dem Leben trotz aller Sinnlosigkeit wieder ausreichend Sinn abzugewinnen. Alle Facetten des Menschseins können zu Instrumenten auf der Suche nach Sinn werden. Glücksmomente können damit verbunden sein, und doch reicht der Sinn noch weit darüber hinaus.

Sinn setzt mit der Erfahrung von *Sinnlichkeit* ein, vermittelt über die fünf Sinne des Sehens, Hörens, Riechens, Schmeckens, Tastens, einen sechsten Bewegungssinn und einen siebten, inneren Sinn, das »Bauchgefühl«. Was den sieben Sinnen zu verdanken ist, ist etwas, das nur für diese Minute, diese Stunde, diesen Tag »Sinn macht«. Die Augen sind überwältigt von einem *Anblick*, der schön oder schön traurig erscheint, verkörpert von Landschaften auf Bildern und in Wirklichkeit, auch von der Landschaft eines Körpers und insbesondere eines Gesichts. Ein wohlriechender *Duft* betört nicht nur die Nase, sondern auch die Traurigkeit, die ein morbider Geruch wiederum verstärken kann. Ein wenig Sinn in allem Unglücklichsein hält jederzeit ein wohlschmeckendes *Essen* bereit. Und beruhigend wirkt die Erfahrung der *Berührung*, die dennoch viel zu wenig genutzt und gewährt wird.

Unendlich gut tut es einem Melancholiker, *Musik* zu hören und sie selbst zu machen, denn in ihr ist ein vollkommenes Verständnis für die Melancholie zu finden. Ihre Schwingungen erlauben, Körper, Seele und Geist in einen einzigen Klangraum zu verwandeln, um die melancholischen Gefühle und Gedanken zu zelebrieren. Ein Gutteil der Musik quer durch die Zeiten, von den antiken Gesängen der Sappho bis zu modernen Popsongs, besteht aus Stücken eines kunstvoll komponierten Traurigseins. Die barocke Lebensfreude der *Feuerwerksmusik* von Georg Friedrich Händel ist nicht denkbar ohne die verhaltene Lebenstrauer des Larghetto aus seiner Oper *Xerxes*. Die romantische Musik betont die dunklen Seiten der Existenz mehr noch als die hellen, denen erst spätere Zeiten das alleinige Attribut »romantisch« zugestehen wollten: Unendlich traurig, unendlich schön lässt Johannes Brahms die Stimmen im Lied *In stiller Nacht* »von herbem Leid und Traurigkeit« singen, worin »das Herz zerflossen« sei.

Eigene Energien sind wieder zu spüren bei jeder Art von Sport und *Bewegung*. Regelmäßige Spaziergänge sind eine wirksame Rettung aus so mancher Verzweiflung, denn sie ermöglichen, den melancholischen Gedanken nachzuhängen und zugleich ein ganzes Füllhorn von Welt sinnlich zu erfahren. In der rhythmischen Bewegung des *Tanzens* kann die melancholische Seele Ausdruck finden, und vielleicht ist ihr die Gelegenheit willkommen, einer anderen Seele dabei nahe zu sein. Ein Kribbeln im Bauch ist zu spüren bei jeder Art von *Erotik*, die mit sinnlichen Reizen die Melancholie auffängt und auf ihre Weise die Polarität des Lebens wiederherstellt: Indem sie die negative mit einer positiven Erfahrung ausbalanciert. Dass gerade dann, wenn das Traurigsein am größten ist, das erotische

Empfinden am stärksten wird, fiel schon dem antiken Autor des *Problems XXX,1* auf: Die meisten Melancholiker seien »wollüstig«. Wenn das Leben am seidenen Faden hängt, kann eine Ahnung von Erotik das stärkste Argument dafür sein, ihn nicht reißen zu lassen. Das erträumte und reale Einssein heilt das Leiden am Entzweitsein, wenigstens zeitweilig, mag die Melancholie *danach* auch noch so schmerzlich sein.

Über den Körper hinaus ist ein Mensch tief innerlich berührt vom *seelischen Sinn*, den alle Arten von Beziehung stiften können, nicht nur momentan, sondern über lange Zeiten hinweg und vielleicht das ganze Leben hindurch. Die Seele lässt sich verstehen als der Raum, in dem die Energien wohnen, die einen Menschen leben lassen. In Bewegungen von *Gefühlen* sind sie erfahrbar, in Beziehungen kommen sie am stärksten zum Ausdruck. Aber es handelt sich um gegensätzliche Gefühle in ein und demselben Selbst, grundlegend ist daher, mit *sich selbst* befreundet sein zu können, um der inneren Zerrissenheit gegenzusteuern, die auch die Beziehungen zu Anderen unterlaufen würde. Ein starker

Ankerpunkt des Lebens mit sich und dem Unglücklichsein ist die eigene *Arbeit*, die sinnvoll erscheint, wenn sie Zusammenhänge herstellt und gerne getan wird, nicht unbedingt identisch mit Erwerbsarbeit. Und sinnvoll sind die *Gewohnheiten*, an denen das Herz hängt und in deren Netz das Traurigsein wohlbehalten gelebt werden kann.

Sehr viel kommt sodann auf die Bindungen an, in denen gegensätzliche Gefühle ihren Platz haben: Gefährten braucht der melancholische Mensch, mit denen er die Spannweite seiner Gefühle teilen kann und wenigstens spürt, dass auch in tiefster Einsamkeit jemand für ihn da ist. *Liebende*, deren Beziehung bei zeitweiligen Unwohlgefühlen und Auseinandersetzungen nicht in Frage steht, stellen sich die Frage nach dem Sinn nicht mehr, denn sie sind im Besitz einer Antwort. *Freunde*, die sich einander zugehörig fühlen, schöpfen aus ihrer Beziehung den Sinn, der ihr Leben schöner und Widrigkeiten erträglicher macht. Anhaltenden Sinn, der auch in der Traurigkeit hält, vermittelt das Teilhabenkönnen am heranwachsenden Leben, das *Kinder* in aller Unbefangenheit repräsentieren.

Jede *Geselligkeit* spendet Sinn aufgrund der Zusammenhänge mit Anderen, die dabei rituell gepflegt werden, und jede *Zusammenarbeit* an einem Arbeitsplatz erscheint sinnvoller als ein sinnloses Aneinandervorbeiarbeiten.

Manche finden in der *Heimat* den Raum, der sie mit Sinn und Vertrautheit umfängt, wenn sie unglücklich sind. Für Andere ist dies eher die *Fremde*, in der niemand sie kennt, sodass sie kein Gesicht zu wahren haben. Und wenn es kein Mensch ist, zu dem eine Beziehung und Bindung zustande kommt, dann vielleicht ein *Tier*, dem sehr viel Gefühl entgegengebracht werden kann und das umsorgt werden muss, sodass das Leben auch inmitten des Unglücklichseins wieder an Sinn gewinnt. Seelischen Sinn vermittelt jede Anschauung und Erfahrung von *Natur*, in der Menschen Kraft schöpfen können, da in ihr offenkundig alles mit allem zusammenhängt. Hilfreich ist die Pflege eines *Gartens* oder auch nur eines Balkons oder einer Fensterbank, wo etwas wächst, denn das zyklische Werden und Vergehen der Natur repräsentiert eine Form von Zeit, in der ein Melancholiker sich eher beheimatet fühlt als in der rasch vergehenden, linearen Zeit ohne Wiederkehr der modernen Kultur.

Glück ist, in Zeiten des Unglücklichseins Menschen zu kennen, mit denen über alles geredet werden kann. Ein vertrautes Gespräch sorgt wie nebenbei für *geistigen Sinn*. Reden hilft, Schweigen nicht, es sei denn das Schweigen zwischen Menschen, die sich ohne Worte verstehen. Es muss kein hochgeistiges Gespräch sein, sinnvoll ist auch ein Plaudern. Jedes Gespräch knüpft einen Faden des Zusammenhangs, auch wenn es belanglos ist. Es verkörpert Sinn schon durch sein bloßes Geschehen, am meisten das Gespräch mit nahestehenden Menschen, aber auch mit Bekannten, Unbekannten und professionellen Gesprächspartnern, denn die Aufmerksamkeit Anderer tut so gut.

Von besonderer Bedeutung im Geistigen sind *narrative Zusammenhänge*. Alles, was sich erzählen lässt, macht Sinn. Es fällt leichter, die Fragmente des eigenen Lebens und die Teile des Selbst, die herumliegen, wieder zusammenzufügen, wenn man einem Anderen etwas von sich erzählen darf. Die verschiedensten Geschehnisse und Informationen fügen sich dabei zu Zusammenhängen, die nur halbwegs plausibel sein müssen, um sinnvoll erscheinen zu können. Daher sind Menschen so angetan davon, Geschichten zu erzählen und sie zu hören: Es bewahrt sie vor der abgründigen Erfahrung der Sinnlosigkeit.

Der geistige Sinn wird außerdem gestärkt vom Interesse an anderen Sichtweisen und Möglichkeiten der *Deutung*. Gefährlich ist demgegenüber die Fixierung auf unumstößliche Wahrheiten, die auch Sackgassen sein können. Sehr viel hängt davon ab, in schwierigen Lebenssituationen aus einem rechtzeitig erworbenen Potenzial an Deutungsmöglichkeiten schöpfen zu können, um sich nicht in vermeintlich endgültigen Wahrheiten einzuschließen, sondern Dinge noch anders zu sehen, andere Wege zu gehen und so aus Engpässen des Lebens und Denkens wieder herauszufinden. Kunst und Literatur, Bildung und Weiterbildung offerieren unerschöpfliches Material für Deutungen und Interpretationen, die unabschließbar sind und einen Menschen offen halten für weitere, andere, nie gesehene, unerhörte Zusammenhänge. Die Vielzahl möglicher Deutungen legt sogar den Schluss nahe, dass im Leben eigentlich alles voller Zusammenhänge, voller Sinn ist.

Eine Frage der Deutung ist auch, *wozu* etwas gut ist, auf welches Ziel es zusteuert, welchem Zweck es dient. Zu allen Zeiten bezogen Menschen daraus sehr viel Sinn. Vielleicht ist es allmählich möglich, sich wieder ein Ziel zu setzen, trotz aller Relativität, die allen Zielen eigen ist. Es kann sich um ein nahes oder fernes Ziel handeln. Es kann darum gehen, einen kleinen Wunsch zu hegen und auf seine Erfüllung hinzuarbeiten oder einer großen Sehnsucht nachzugehen und die Erfahrung zu machen, dass die Intensität der Erfüllung in einem direkten Verhältnis zu Länge und Schwierigkeitsgrad der Wegstrecke dorthin steht. Möglich ist ebenso, bewusst auf Ziele und Zwecke zu verzichten, um das Leben zu nehmen, wie es kommt, und den Weg zu gehen, der sich ergibt.

Die gedankliche Beschäftigung mit dem Leben kann zu der Auffassung führen, dass zu den Zusammenhängen, die ihm Sinn verleihen, auch die *Polarität* gehört, dass Gesundheit ohne Krankheit,

Lust ohne Schmerz, Leben ohne Tod nicht vorstellbar ist und dass im Leben sogar scheinbar Widersinniges zusammengeht, etwa die Gewissheit eines Glaubens mit dem Wissen um seine Fragwürdigkeit. Dass es nicht nur ein gewolltes Tun oder Lassen gibt, das von jemandem zu verantworten ist, sondern auch ein ungewolltes und verhängnisvolles Geschehen, für das niemand irgendwelche Verantwortung trägt. Dass letztlich unerklärliche, unauflösbare Zusammenhänge möglich sind, mit deren Rätselhaftigkeit sich das menschliche Dasein abzufinden hat.

9.
Melancholie als transzendente Fähigkeit

Gibt es einen Sinn über das Leben hinaus? Die Melancholiker sind in dieser Frage uneins, manchmal auch der Einzelne mit sich selbst. Für die Einen ist ein Sinn über das Leben hinaus undenkbar, umso mehr setzen sie im Leben selbst auf den Sinn der Sinnlichkeit, der ihnen völlig genügt. Für die Anderen steht ein transzendenter Sinn außer Frage, sinnlos erscheint ihnen nur das Leben selbst, die antike Weisheit des Chores in *Ödipus auf Kolonos* von Sophokles spricht ihnen aus der Seele: Nie geboren zu sein, sei das Beste, das Zweitbeste jedoch, wenn geboren, so schnell wie möglich dorthin zurückzukehren, woher man kam.

Die äußerliche, begrenzte Welt bleibt auch den Melancholikern, die sich auf den sinnlichen Genuss des Lebens einlassen, fremd. Sie spüren in sich eine andere, erträumte oder wirkliche vorzeitliche Welt, die sie als innerliche, unendliche in sich tragen. Den Grund ihrer Seele bildet diese Welt voller

Energie und Intensität, und auch für diese Energie gilt womöglich, wie für alle bekannten Energieformen, dass sie nicht vernichtet werden kann, also unsterblich ist. In der Seele, diesem tiefen Selbst, das anders als das oberflächliche Selbst keinen Namen trägt, fühlt der Melancholiker das Wesentliche des Menschseins. Die Seele ist der Stoff, feinstofflich oder gänzlich immateriell, aus dem im endlichen, sterblichen Leben selbst die Brücke zur Unendlichkeit und Unsterblichkeit gebaut ist.

Freilich ist im endlichen Leben die unendliche Intensität meist nur als abwesende schmerzlich anwesend, der Melancholiker leidet daran. Er selbst verfügt nicht über die unerschöpflichen Energien, die ein Leben in der Unendlichkeit des Seins bereitstellen kann, er vermag sie lediglich durch die dünne Haut seiner körperlichen Endlichkeit hindurch zu spüren; das macht die Melancholie zur transzendenten Fähigkeit. In Gefühlen und Gedanken ist sie ein *Überschreiten*, transzendent im Wortsinne des lateinischen *transcendere*. Die Schwelle, die sie überschreitet, ist die Grenze der Endlichkeit, über die hinaus etwas Anderes, Unbestimmtes sich auftut. Der Melancholiker fühlt und denkt, dass das wahre Leben der Intensität, das *Sein*, nicht im gegenwärtigen Leben, im *Dasein,* zu finden ist, so attraktiv das Leben im Hier und Jetzt auch sein mag. Er trauert über die metaphysische Lücke zwischen dieser und jener Welt und darüber, dass er in dieser Welt keine dauerhafte Heimat findet, vielmehr Heimweh nach der anderen Welt empfindet, in die es ihn zurückzieht. Melancholie ist die Trauer über die Entfremdung des Menschen von seinem zeitlosen Ursprung, über das unmögliche, allenfalls zeitweilige Einssein mit Anderen in der Welt, das die Sehnsucht für einen Moment stillen kann, da in ihm die ursprüngliche Intensität wieder auflebt.

Auf diese und jede andere Weise sind Melancholiker an Religion interessiert, auch wenn sie sich in keiner Weise als religiös verstehen. Viele nennen es lieber *Spiritualität*, aber auch in ihr geht es darum, sich offen für das Andere zu halten, in dem ein unbekanntes Schicksal, ein geheimnisvoller Sinn zu wohnen scheint. Es trägt dann nicht den Namen Gott, sondern Geist (*spiritus* im Lateinischen) und ist doch ebenfalls dazu da, das Unglücklichsein und alles Unglück aufzufangen, das unaushaltbar wird, wenn es keinen Platz in einem überwölbenden Ganzen finden kann, in dem alles mit allem zusammenhängt.

Der Zugang zu diesem Sinn über das Leben hinaus kann, wenn es an *Gewissheit* fehlt, eine Frage der *Annahme* sein. Die Annahme lässt die Tür offen für alle, die die Transzendenz nicht mit einem »Glauben«, woran auch immer, in Verbindung bringen können. So müssen sie die Möglichkeit einer ganz anderen Dimension nicht abweisen, in der Antworten auf die ewigen Fragen nach dem Woher und Wohin des Menschen und der gesamten Welt, nach dem eigentlichen Sein, nach der Schicksalhaftigkeit und Vorherbestimmtheit des Daseins vermutet werden, die in jener Dimension selbst womöglich gar keine Rolle spielen.

Unabhängig von der Wirklichkeit kann die Grenzüberschreitung zumindest als *Möglichkeit* gedacht werden, und schon in diesem Fall wird es möglich, die engen Grenzen des Selbst und dieser Welt hinter sich zu lassen. Sich eine solche Vorstellung zu machen, ist ein Kunstgriff der Lebenskunst, auf die auch Melancholiker sich verstehen. Die Fülle des Lebens zwischen der wirklichen Endlichkeit und möglichen Unendlichkeit tröstet über eine empfundene Armut der Gegenwart hinweg, in der sich der Reichtum des Lebens, die mögliche Erfüllung der Existenz, in den Grenzen der jeweiligen Wirklichkeit hält.

Die subjektiv wahrgenommene Leere des Daseins mit einer solchen Sinnannahme zu füllen, ist eine Art von *Mystik*, die keiner letzten Gewissheit bedarf und doch eine Wahrheit für möglich hält. Ein Problem der modernen Zeit lag darin, den Sinn einer unbestimmten Dimension der Transzendenz lange mit einem bestimmten Jenseits identifiziert und abgetan zu haben. Zugleich wurden die Kräfte, die aus der Beziehung zu einer solchen Dimension in reichem Maße zuwachsen können, schmerzlich entbehrt. War es die *transzendente Ignoranz*, die den Druck anschwellen ließ, alle Träume in diesem einen, endlichen Leben verwirklichen zu müssen, da kein Darüberhinaus mehr zur Verfügung stand? War sie es, die das Leiden daran unerträglich werden ließ, dass der Versuch zur Verwirklichung von Möglichkeiten ohne Rest im endlichen Leben selbst ja doch immer zum Scheitern verurteilt ist? Hat dies Menschen vermehrt in die Melancholie getrieben?

Aber Melancholie ist nicht nur das Unglücklichsein über die Unerfüllbarkeit der Träume von unendlicher Intensität, sondern auch die Erlösung von der Hoffnung auf Erfüllung in diesem endlichen Leben. Das Wissen um die Unerfüllbarkeit befreit von der leidvollen Anstrengung, alles in dieses angeblich einzige Leben »packen« zu müssen. Die kommende Zeit der Melancholie kann daher auch zu einer Zeit neuer Freiheit werden.

10.
Die kommende Zeit der Melancholie

Auf Zeiten der Euphorie folgen andere Zeiten, die Euphorie über das Glück bildet da keine Ausnahme. Das könnte ein Grund dafür sein, dass immer mehr Menschen von einer Melancholie erfasst werden, die sie nie zuvor an sich kannten. Je mehr der Sinn des Lebens in andauernder Lebensfreude gesucht wird, desto größer fällt die Enttäuschung aus. Wer immer nur gute Laune versprühen will, hat zu gegebener Zeit selbst die Nase voll davon. Jedes Feuer ist irgendwann mal abgebrannt, dann bleibt nur noch, in der Asche zu stochern und nach neuem brennbaren Material Ausschau zu halten. Euphorisch war der Traum vom größten Glück der größten Zahl, der seit den Anfängen der Moderne geträumt wurde. Alte Vorstellungen vom ewigen Heil gingen bruchlos in moderne Vorstellungen vom Glück über, auch Heinrich Heine wollte »hier auf Erden schon / Das Himmelreich errichten« und »auf Erden glücklich sein« (*Deutschland. Ein*

Wintermärchen, 1844). Aber das Diesseits weigert sich hartnäckig, zum Paradies zu werden. Das Ausmaß der Hoffnungen, die Menschen in ihr Glück setzen, definiert die Fallhöhe, die erfahrbar wird, wenn alle Anstrengungen vergeblich sind, individuell und gesellschaftlich. Die Hybris, mithilfe von Wissenschaft und Technik ein dauerhaftes Glück fabrizieren zu wollen, treibt den Gedanken hervor, dass alles menschliche Streben im Grunde nichtig ist. Die historischen Erfahrungen, die mit dem einst so hoffnungsvollen Projekt des Sozialismus zu machen waren, sind grundsätzlich im Kapitalismus wiederholbar, der einen ähnlichen Traum nährt.

Beim Rückblick künftiger Zeiten auf die ersten Jahrzehnte des 21. Jahrhunderts wird die Verwunderung groß sein: Wie konnten die Menschen in einer Zeit der astronomischen Staatsverschuldungen und irrwitzigen Finanzkrisen so sehr mit ihrem persönlichen Glück beschäftigt sein? Hatten sie keine anderen Sorgen? Aber sie wandten sich dem Glück zu, *weil* sie andere Sorgen hatten. Sie bestanden darauf, positiv zu denken, weil sie hofften, zumindest ihnen selbst könnte das helfen. Nur wenige dachten positiv über die um sich greifende Globalisierung, etwa dass sie eine Chance sein könnte, gerechtere Verhältnisse in der entstehenden Weltgesellschaft zu realisieren. Eine ganze Epoche musste es damals sehr nötig gehabt haben, positiv zu denken, und zwar im selben Maße, in dem die Verhältnisse ins Negative abglitten. Aufgrund der Aussichtslosigkeit des Unterfangens, eine rein positive Welt herzustellen, steigerte sich vor allem die Rhetorik, die sie beschwor.

Der Rückzug in die private Nische, ins kleine Glück ist verständlich als vitaler Reflex, um den wachsenden Anforderungen von außen zu entkommen und das bedrückende Unglück fernzuhalten, von dem die Welt voll zu sein scheint: Endlich mal ein bisschen glücklich sein. Wo die Beanspruchung ins Unermessliche wächst, wird die Verweigerung zur verführerischen Alternative. Mit der Sorge um ihre Innerlichkeit formen Menschen sich gleichsam eine Falte, in der sie inmitten einer Zeit, die sich zu überschlagen beginnt, wahrhaft in sich gekehrt leben können. In einer Kultur, die einen ungeheuren

Schub der Entwicklung quer durch die Zeit erlebt hat, ist das erstrebte Glück die Erinnerung an eine andere, zeitlose Welt, in der das Leben noch geborgen war, jedenfalls in der Vorstellung.

Bei der Melancholie geht es jedoch nicht nur um das Erwachen aus dem Traum vom Glück. Die neue Untröstlichkeit rührt von einem sich anbahnenden Verhängnis her, daher gleicht die kommende Epoche der Melancholie keiner früheren. Immer mehr Menschen wird klar, welches Verhängnis in *ökologischer* Hinsicht droht. Sie sehen es auf sich zukommen wie den fremden Planeten *Melancholia*, der sich in Lars von Triers gleichnamigem Film von 2011 auf Kollisionskurs zur Erde befindet, Objekt gewordener Alptraum, der Menschen überkommt. Zu lange wurde der blinde Glaube gepflegt, die Folgelasten des modernen Lebens und Wirtschaftens seien beherrschbar. Aber es zeichnet sich ab, dass die jüngeren Generationen mit immer größeren Problemen fertigwerden müssen, die die älteren ihnen hinterlassen, von großen Hoffnungen für die Beglückung der Menschheit keine Spur mehr. Der Herbst kehrt ein auf dem Planeten, die

Zeit der großen Trauer. Selbst im Frühling bricht die Melancholie auf, wenn alles grünt und blüht: Wie lange wird das noch so sein? Wie lange werden Menschenaugen dieses Schauspiel noch sehen?

Die Gründe für die kommende Epoche der Melancholie liegen in der Ahnung von einem *möglichen* Verschwinden der Menschheit, nicht durch einen Atomblitz oder kosmischen Donnerschlag, sondern durch einen schleichenden und möglicherweise beim besten Willen nicht mehr aufhaltbaren Prozess. Die Fluten werden zusammenstürzen über den Menschen, und sie werden ertrinken in den Dreckmassen, zu Boden gezwungen von der Gewalt der Elemente, die sie selbst freigesetzt haben. Gibt es etwa ein Argument dafür, dass eine Menschheit unbedingt existieren müsste?

Und dennoch macht es weinen, daran zu denken, dass die Entscheidung darüber nur von einem kleinen Teil der Menschheit gefällt wird, und auch das nur im Halbschlaf, denn Bewusstheit lässt sich dieser Zustand nicht nennen, in dem Menschen wissen können, was zu tun wäre, und es dennoch unterlassen.

Traurig, dass der große Rest der Menschheit dies mittragen muss, dass all die Kinder und Kindeskinder, die es noch geben wird, mit Grauen an ihre Vorfahren denken werden, die nicht bereit waren, die Existenz künftiger Generationen im Blick zu behalten, obwohl sie unentwegt »die Zukunft« im Mund führten. Die Probleme sind offenkundig, aber der Einzelne selbst traut seiner Aktivität zu wenig zu, will nicht so gerne bei sich anfangen und weist lieber Anderen Verantwortung zu. Aus der Erfahrung der Ohnmacht, nicht etwa nur den Mächtigen, sondern mehr noch sich selbst gegenüber, verbreiten sich Melancholie und Depression. Letzten Endes rührt die lähmende Empfindung der Ohnmacht von der Vermutung her, dass die Dinge schon zu weit getrieben sind, als dass sie noch korrigiert werden könnten.

Es kommt nicht darauf an, »Recht zu behalten« mit derlei düsteren Erwartungen. Niemand kann sicher sagen, ob es so kommt. Es kann sich um eine eingeschränkte Wahrnehmung handeln, die einige Schwierigkeiten der bestehenden Welt für das Ganze nimmt. Es war allerdings auch eine einge-

96

schränkte Wahrnehmung, die das Ausmaß der ökologischen Probleme erst herbeigeführt hat. Lange folgten auf beunruhigende Indizien beschwichtigende Antworten: Abwarten, weitere Daten sammeln. Aber wenn zweifelsfrei klar ist, wohin die Dinge driften, ist es zu spät, noch darauf zu reagieren. Diese mögliche Aussichtslosigkeit, diese potenzielle Selbstaufhebung der menschlichen Existenz ist ein Grund für die geradezu *metaphysische Melancholie* einer kommenden Zeit. Mag es sich auch nur um eine kleine Welt im unendlichen Kosmos handeln, mag nur die unbedeutende Existenz eines Wesens in dieser kleinen Ecke des Weltalls in Frage stehen: Ist es nicht schade drum?

Die Bedeutung, die der Melancholie einer kommenden Zeit zuwächst, kann immerhin, wie schon in früheren Zeiten, darin liegen, reflexive Distanz zu gewinnen und die gefährlichen Selbstverständlichkeiten zu verlieren, in denen Menschen leben, ohne es recht zu bemerken. Die Wahrnehmung einer bedrohlichen Situation wird zum Ausgangspunkt dafür, zur Besinnung zu kommen und erneut nach Sinn zu fragen. Sie vermittelt die Erfahrung einer

Grundlosigkeit, die dennoch grundlegend ist, denn mit ihr entsteht ein Bewusstsein davon, welche Bedeutungslosigkeit der menschlichen Existenz eigen sein kann und dass ihr der Boden jederzeit unter den Füßen weggezogen werden kann.

Eine mögliche Antwort darauf ist das neuerliche Bemühen um Sinn in Form von Zielen und Zwecken. Deren Festlegung war lange Zeit die Aufgabe *heteronomer* Autoritäten in Kirche, Staat und Gesellschaft. In der Moderne wurde die Aufgabe zusehends von ökonomischen Institutionen übernommen, deren Ziele und Zwecke sich jedoch in Wirtschaftswachstum und einer Eroberung von Märkten erschöpften. Für *autonome* moderne Menschen wird es zur Aufgabe ihrer eigenen bewussten Lebensführung, ihrer Lebenskunst, sich Gedanken über Ziele und Zwecke zu machen, die eine sinnvolle Perspektive eröffnen können, um aus freien Stücken einem Sollen zu folgen, auch wenn ohne Weiteres etwas Anderes gewollt werden könnte. Eine Perspektive für den Einzelnen, die zugleich weit über ihn selbst hinausweist, könnte die Arbeit an einer ökologischen und sozialen Gesellschaft und Weltgesellschaft sein, verbunden mit der Bereitschaft, sich selbst immer von Neuem zu fragen, welches eigene Tun, welches Lassen dazu beiträgt, welches nicht.

Sind auf dem Weg dorthin Revolten und Revolutionen zu befürchten oder zu erhoffen? Die Melancholiker neigen nicht dazu. Ihre Stärke ist ihre *Sensibilität*, ihr Gespür für Sinn und dessen Fehlen; darin besteht ihr Geschenk an die Gesellschaft. Sensibilität ist das einzige menschliche Vermögen, das noch Rettung verspricht. Die Schattenseiten des Glücks sind schon aus diesem Grund nicht sinnlos: Erheblich früher als die Glücklichen bemerken die Unglücklichen eine Gefahr, eine Fehlentwicklung, ein Unrecht und eine Ungerechtigkeit. Eher als bei den Optimisten, von denen nicht wenige den Anblick eines problembeladenen Menschen bereits als Behinderung ihrer positiven Weltsicht empfinden, findet sich Mitgefühl bei den Melancholikern: Eine Ermutigung zum Unglücklichsein.

Wenn dann zum Unglücklichsein noch Gründe für eine *Empörung* hinzukommen, setzen auch Melancholiker sich in Bewegung. Sie tun es nicht für sich, etwa um die Melancholie unter anderen, besseren Umständen zu verlieren: Die ist ihnen ans Herz gewachsen. Aber dass Verbesserungen des menschlichen Lebens für Andere möglich sind, lässt Melancholiker nicht ruhen. Anders als die Optimisten sind sie sich bei alledem klarer über das *Sisyphos-Schicksal* des Menschen, der unentwegt den Stein nach oben wuchtet, um ihn nach unten kullern zu sehen. Sie sind bereit dazu, Anstrengungen zu Verbesserungen auf sich zu nehmen, während sich andernorts wieder Verschlechterungen zeigen. So bleibt eben immer etwas zu tun. Kann das Menschen glücklich machen? Möglicherweise gerade dann, wenn das Unglücklichsein als Möglichkeit des Menschseins akzeptiert werden kann.

Zum Autor

Wilhelm Schmid, geboren 1953 in Billenhausen (Bayerisch-Schwaben), lebt als freier Philosoph in Berlin und lehrt Philosophie als außerplanmäßiger Professor an der Universität Erfurt. Umfangreiche Vortragstätigkeit, seit 2010 auch in China. 2012 wurde ihm der Meckatzer-Philosophiepreis für besondere Verdienste bei der Vermittlung von Philosophie verliehen. Viele Jahre war er regelmäßig tätig als Gastdozent in Riga/Lettland und Tiflis/Georgien sowie als »philosophischer Seelsorger« an einem Krankenhaus in der Nähe von Zürich/Schweiz.
Homepage: www.lebenskunstphilosophie.de

Buchpublikationen:
Dem Leben Sinn geben. Von der Lebenskunst im Umgang mit Anderen und der Welt, 2013, Suhrkamp Verlag.
Liebe. Warum sie so schwierig ist und wie sie dennoch gelingt, 2011, Insel Verlag.

Die Liebe atmen lassen. Von der Lebenskunst im Umgang mit Anderen, 2013, Suhrkamp Taschenbuch. Ursprünglich unter dem Titel *Die Liebe neu erfinden*, 2010, Suhrkamp Verlag.

Ökologische Lebenskunst. Was jeder Einzelne für das Leben auf dem Planeten tun kann, 2008, Suhrkamp Taschenbuch.

Glück. Alles, was Sie darüber wissen müssen, und warum es nicht das Wichtigste im Leben ist, 2007, Insel Verlag.

Die Fülle des Lebens. 100 Fragmente des Glücks, 2006, Insel Taschenbuch.

Die Kunst der Balance. 100 Facetten der Lebenskunst, 2005, Insel Taschenbuch.

Mit sich selbst befreundet sein. Von der Lebenskunst im Umgang mit sich selbst, 2004, Suhrkamp Taschenbuch.

Schönes Leben? Einführung in die Lebenskunst, 2000, Suhrkamp Taschenbuch.

Philosophie der Lebenskunst – Eine Grundlegung, 1998, Suhrkamp Taschenbuch Wissenschaft.

Was geht uns Deutschland an? Ein Essay, 1993, Edition Suhrkamp.

Auf der Suche nach einer neuen Lebenskunst, 1991, Suhrkamp Taschenbuch Wissenschaft.

Die Geburt der Philosophie im Garten der Lüste, 1987, Suhrkamp Taschenbuch.